1 Lunchbox
50 Rezepte

AUTORINNEN: DAGMAR REICHEL | CORA WETZSTEIN
FOTOGRAF: JÖRN RYNIO

Praxistipps

4 Lunchbox-Einmaleins – richtig verpackt ist besser gegessen! Hier alle wichtigen Infos dazu.

6 Gut geplant ist schnell gekocht – gesunder Genuss rasch auf den Teller gezaubert.

7 Einmal zubereitet, sofort vielseitig einsetzbar – drei Rezepte für die flexible Lunchbox-Küche.

64 Pausenbrote top kombiniert – Tipps für extra-harmonische Lunchbox-Liaisons.

Umschlagklappe hinten:

Drei Aufstriche für Pausenbrot, Wrap & Co.

Drei Salatdressings für den Vorrat

Tipps zum Einfrieren, Auftauen, Aufwärmen

Extra

Umschlagklappe vorne:

Die 10 GU-Erfolgstipps – mit Gelinggarantie fürs Mittagessen unterwegs

60 Register

62 Impressum

Rezepte

8 Salate zum Mitnehmen

9 Wiener-Würstchen-Salat mit Radieschen
10 Hirse-Orangen-Salat
10 Cantuccini-Obst-Salat
11 Hirten-Weizen-Salat
11 Reissalat mit Pilzen
12 Feldsalat und Tomaten mit Thunfischdressing
14 Gnocchisalat mit Salami
14 Linsen-Debreziner-Salat
17 Kartoffelsalat mit Ei und Räuchermakrele
18 Möhrensalat mit Currytofu
18 Putensalat mit Ananas
20 Sommerlicher Brotsalat

22 Sandwiches, Wraps & Co.

23 Antipasti-Sandwich mit Fenchelsalami
24 Vitello Wrapato
26 Speck-Pilz-Sandwich
27 Avocado-Tramezzini
27 Scharfe Lachs-Tramezzini
28 Auberginen-Sandwich mit Mozzarellatatar
28 Cordon-bleu-Sandwich mit Currymayo
30 Pita mit Paprika-Feta-Salat
30 Nordlicht-Burger
32 Fitnessbrote mit Gurken-Kresse-Aufstrich
32 Vollkornbaguette mit Käse-Walnuss-Creme

34 Mal warm, mal kalt

35 Gefüllte Yufka-Röllchen
36 Lammhackbällchen aus dem Ofen
38 Kalbsschnitzelchen mit drei Panaden
40 Tomaten-Orangen-Suppe
40 Kräuter-Gurken-Suppe
43 Krautquiche mit Apfel und Munsterkäse
44 Falafel mit Joghurt-Tomaten-Dip
45 Möhren-Kartoffel-Puffer
45 Reisküchlein mit Tomaten
46 Blätterteigtaschen mit Limburger-Lauch-Füllung
46 Mini-Strudel mit Mango und Schweinefleisch
48 Ofengemüse mit Brotkrümeln
50 Nudeln mit Walnuss-Tomaten-Pesto
50 Pasta-Frittata mit Schinken
52 Hähnchen-Gemüse-Spieße mit Zucchini-Tsatsiki
55 Gegrilltes Obst mit Baiserkrümeln
56 Süßer Grieß-Ricotta-Auflauf
56 Nugatmilchreis mit Nussknusper
58 Apfel-Aprikosen-Taschen

Lunchbox-Einmaleins

Gut verpackt ist besser gegessen! Mit diesen Infos lernen Sie nicht nur, die perfekte Verpackung zu wählen, sondern Ihren Lunch auch noch richtig zu genießen.

Folien & Co. Belegte Schnitten und Sandwiches lassen sich am besten in Alu- bzw. Frischhaltefolie gewickelt transportieren. Auch Butterbrotpapier eignet sich für manche belegte Brötchen – sofern sie nicht zu feucht sind. Und die heutzutage erhältliche Vielfalt an (wieder verschließbaren) Plastikbeuteln macht den Lunch »to go« zum Kinderspiel.

Brotzeit- & Stapelboxen Die altbekannte Brotzeitbox aus Kunststoff hält neben Stullen beispielsweise auch Gemüse, Obst und trockenen Kuchen zum Verzehr bereit. Es gibt sie in verschiedensten Ausführungen und Größen. Stylische Aluminium- und Emailbehälter sind stark im Trend und machen die Mahlzeit auch zum optischen Genuss. Egal, aus welchem Material die Brotzeitboxen sind – allen gemeinsam ist, dass sie nicht ganz dicht schließen und somit für Flüssigkeiten ungeeignet sind. Wer oftmals sein Mittagessen unterwegs verzehrt oder auf Picknicktour geht, für den ist die Anschaffung einer Stapelbox eine Überlegung wert, worin sich mehrere Gerichte getrennt voneinander in einzelne Etagen verpacken und dann vor Ort ansprechend präsentieren lassen.

Schraubgläser Vor allem Dressings, Saucen und Pesti sind besonders sicher in Twist-off-Gläsern mit einem dicht schließenden Schraubverschluss aufgehoben. Bewahren Sie daher leere, gereinigte Marmeladen- oder Konservengläser auf, um stets geeignete Behältnisse bereitzuhaben.

Thermoskanne & Henkelmann Flüssige Mahlzeiten auslaufsicher zu transportieren, ist das eine, sie auch noch temperiert zu halten, eine andere Angelegenheit. Thermoskannen sind da wahre Alleskönner. Nicht nur Heißes halten diese Behälter warm, mit Eiswürfeln gefüllt werden sie sogar zum Kühlgerät. Selbst der gute alte Henkelmann erlebt dieser Tage seine Renaissance. Verwenden Sie vorsichtshalber ein Gefäß mit einem bruchsicheren Metallinnenkörper. Es isoliert zwar etwas schlechter als solche mit empfindlichem Glaseinsatz, aber Sie brauchen sich über den sicheren Transport keinerlei Sorgen zu machen.

Schüsseln mit Deckel Transportieren, Einfrieren, Erhitzen – sie sind so vielseitig einsetzbar, dass man davon nicht genug haben kann. Optimal ist eine Auswahl verschiedener Größen und Formen von guter Qualität. Um für viele Eventualitäten gewappnet zu sein, sollten die Schüsseln leicht handhabbar, gut zu verschließen, spülmaschinenfest, gefriertauglich und mikrowellengeeignet sein.

Auftanken und Kraft schöpfen Nehmen Sie Ihre mitgebrachten Speisen aus der Verpackung und richten Sie die Mahlzeit appetitlich an – das Auge isst schließlich mit. Und dann nichts wie ab in den Aufenthaltsraum oder nach draußen. Nehmen Sie sich fürs Essen und Genießen Zeit. Denn die Mittagspause ist zum Ausruhen und Regenerieren da und soll den Körper nicht mit Hektik, Fastfood und verbrauchter Luft belasten.

Folien & Co.

Thermoskanne & Henkelmann

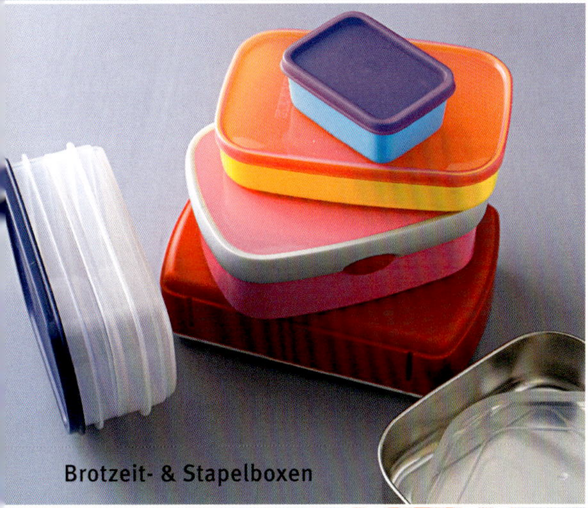
Brotzeit- & Stapelboxen

Schüsseln mit Deckel

Schraubgläser

Auftanken und Kraft schöpfen

Gut geplant ist schnell gekocht

So bekommt Fast Food eine ganz neue Bedeutung – mit ein bisschen Kreativität und Organisation können Sie rasch gesunden Genuss auf den Teller zaubern.

Von einem geregelten Nine-to-five-Job können die meisten gegenwärtig nur noch träumen. Das Arbeitsleben fordert einen extrem, und so kommen oft die einfachsten Grundbedürfnisse zu kurz, darunter auch das Essen. Unbewusst wird einer der wichtigsten Bausteine für einen gesunden Körper zur bloßen Nahrungsaufnahme degradiert. Ertappen Sie sich auch dabei, dass Sie schnell irgendwo irgendwas kaufen und es nebenbei essen – auf dem Weg ins Büro oder während Sie schnell Ihre Mails checken? Klar, wer abends total erschöpft nach Hause kommt, der möchte nicht mehr lange in der Küche stehen und groß vorkochen. Aber mit ein paar Tipps gelingt es auch im vollgestopften Arbeitsalltag, gesund und ausgewogen zu essen – und vor allem lecker.

Kochen auf Vorrat Nutzen Sie das Wochenende oder Tage, an denen Sie Lust und Zeit zum Kochen haben. Suchen Sie sich Gerichte aus, auf die Sie Appetit haben. Kochen Sie gleich die doppelte oder dreifache Menge davon – das, was nicht gegessen wird, kommt portionsweise ins Tiefkühlfach. Die Portionen bei Bedarf herausholen und aufwärmen.

Einmal kochen, zweimal essen Sie haben abends gekocht und es ist noch etwas übrig? Mit ein wenig Fantasie kann daraus am nächsten Tag ruck, zuck! ein neues Gericht gezaubert werden. Reis-, Nudel- oder Kartoffelreste ergeben mit Gemüse, Schinken, Salami oder Thunfisch plus Dressing einen Sattmacher-Salat. Reis oder Kartoffeln lassen sich auch gerne in knusprig gebratene Küchlein verwandeln – egal, ob süß oder pikant. Die Gemüsebeilage von gestern kann man zur Suppe, Pastasauce oder zum Sandwichbelag ummodeln. Die panierten Schnitzel tauschen ihren Wiener Schmäh mit Tomaten und Mozzarella überbacken gegen italienischen Charme. Und ohne die Panade, in dünne Streifen oder kleine Würfel geschnitten, werden sie zur Fleischeinlage in einem würzigen Thaicurry, einem deftigen Eintopf oder einem Ragout. Seien Sie experimentierfreudig, dann wird es Ihrem Gaumen trotz Ratzfatz-Küche niemals langweilig.

Sinnvolle Fertigprodukte Wer auf seine Gesundheit achtet, sollte nur selten zu Tütensuppen und Tiefkühlpizzas greifen. Sie enthalten oft künstliche Zusatzstoffe, die im Verdacht stehen, Allergien auszulösen oder das Sättigungsgefühl zu unterdrücken. Doch es gibt durchaus auch sinnvolle Fertig- oder Halbfertigprodukte, die helfen, Zeit zu sparen und es möglich machen auf die Gesundheit zu achten. TK-Gemüse und -Kräuter beispielsweise wandern vom Feld direkt in die Gefriertruhe. Der Vorteil: Die enthaltenen Vitamine werden konserviert, mühsames Putzen und Schnippeln fallen komplett weg – und damit lästige Zubereitungsminuten. So mancher Doseninhalt ist ebenfalls besser als sein Ruf: Tomaten und Hülsenfrüchte glänzen mit viel Aroma und ihrer vollen Bandbreite an Nährstoffen. Vorgegarter Reis ist ganz ohne Zusatzstoffe in 2–3 Min. verzehrbereit, und wer Lust auf Gebäck hat, kann getrost Filo-, Blätter- oder Hefeteig aus dem Supermarkt-Kühlregal zu Hilfe nehmen.

Birnen-Holunder-Mus

Tomaten-Oliven-Pesto

Antipasti-Gemüse

Einmal zubereitet – sofort vielseitig einsetzbar

Birnen-Holunder-Mus Für 4–6 Portionen 1,5 kg Birnen vierteln, schälen, entkernen, grob schneiden und mit je 75 ml Holunderblütensirup und Wasser in einem Topf zum Kochen bringen. Zugedeckt bei geringer bis mittlerer Hitze in ca. 15 Min. weich kochen, die Birnen dürfen ruhig zerfallen. Dann mit einer Gabel oder dem Stabmixer fein zerkleinern. Birnenmus auskühlen lassen und portionsweise in Gefrierdosen tiefkühlen. Es schmeckt pur als einfaches Dessert, im Müsli oder mit Quark verrührt, als Schichtdessert im Glas mit Cantuccini- oder Amarettinibröseln und Schlagsahne oder Vanillequark (s. S. 55), zu Waffeln oder Pfannkuchen.

Tomaten-Oliven-Pesto Für 1 Schraubglas (ca. 400 ml Inhalt) 200 g getrocknete, in Öl eingelegte Tomaten abtropfen lassen, 2 Knoblauchzehen schälen. 3 Stängel Petersilie abbrausen, trocken schütteln und die Blättchen grob hacken. Alles mit 50 g schwarzen Oliven (ohne Stein), 2 EL Mandeln, und 3 EL Tomatenöl in einen Rührbecher geben. Mit dem Stabmixer glatt pürieren, salzen und pfeffern. Das Pesto in das sauber ausgespülte Glas füllen und mit einer Schicht Tomatenöl bedecken. So hält sich das Pesto im Kühlschrank ca. 2 Wochen. Zum Einsatz kommt es als Blitz-Pastasauce, als Würzpaste für Salatdressings, als Brotaufstrich oder mit Frischkäse oder Quark verrührt als würziger Dip zu Gemüsesticks, Crackern oder Grissini.

Antipasti-Gemüse Für 2 Schraubgläser (je ca. 400 ml Inhalt) 1 Zwiebel schälen und in schmale Spalten schneiden. 150 g Austernpilze putzen und in 1 cm breite Streifen schneiden. 1 rote Paprikaschote halbieren, putzen, waschen und längs in 3 cm breite Streifen schneiden. 1 Zucchino waschen, putzen und quer in 1 cm dicke Scheiben schneiden. In einer Pfanne 3 EL Olivenöl erhitzen, Gemüse bei starker Hitze 10–12 Min. anbraten. Mit Salz, Pfeffer, 1 TL getrocknetem Thymian und 2–3 EL Aceto balsamico abschmecken. In die sauber ausgespülten Gläser füllen und mit Olivenöl bedecken. Haltbarkeit: im Kühlschrank ca. 2 Wochen. Schmeckt als Beilage zu Fleisch, Pizza- oder Brotbelag, Pita- oder Wrap-Füllung, Ergänzung in Nudel-, Reis- und Kartoffelsalat oder als Tuning in der Tomatensauce.

Salate zum Mitnehmen

Wenn der kleine Hunger anklopft, dann sind Sie ab sofort bestens gerüstet. Denn diese kunterbunten Salate lassen sich wunderbar vorbereiten, verpacken und andernorts verspeisen. Absoluter Geheimtipp: knackig-frischer Wiener-Würstchen-Salat, der die Mittagspause im Büro zum Inhouse-Picknick macht.

Wiener-Würstchen-Salat mit Radieschen

1 Paar Wiener Würstchen
4–5 Radieschen | 1 Mini-Salatgurke
1 EL Kräuteressig
1 TL mittelscharfer Senf
Salz | Pfeffer
1 EL Sonnenblumenöl
2 EL TK-Schnittlauchröllchen

Für 1 Person | 10 Min. Zubereitung
Pro Portion ca. 560 kcal, 17 g EW, 51 g F, 8 g KH

1 Die Wiener Würstchen schräg in dünne Scheiben schneiden. Die Radieschen waschen, putzen und ebenfalls in dünne Scheiben schneiden. Die Gurke waschen, längs halbieren und mit einem Löffel die Kerne herauskratzen. Dann die Gurkenhälften in ca. 1 cm große Würfel schneiden.

2 Würstchen- und Radieschenscheiben sowie die Gurkenwürfel in eine Schüssel mit dicht schließendem Deckel geben.

3 Für das Dressing Essig und Senf verquirlen und mit Salz und Pfeffer würzen, das Öl unterschlagen. Das Dressing mit den Schnittlauchröllchen zu den vorbereiteten Zutaten in die Schüssel geben und den Salat gut durchmischen. Die Schüssel mit dem Deckel verschließen und den Salat bis zum Verzehr kalt stellen.

VARIANTE – MIT KÄSE

Dieser Salat lässt sich mit 2 Scheiben Emmentaler oder Bergkäse verfeinern. Die Käsescheiben in grobe Würfel oder dünne Streifen schneiden und mit den anderen Zutaten vermischen. Genießen Sie den Salat mit einer ofenfrischen Laugenbrezel.

winterlicher Obst-Lunch

Hirse-Orangen-Salat

5 EL Orangensaft | 50 g Hirse | Salz | 3 getrocknete Feigen | 1 Orange | 1 kleine Birne | 2 EL gehackte Walnüsse | 1 EL flüssiger Honig | 1 EL gehackte Minze | 3–4 Spritzer Zitronensaft

Für 1 Person | 25 Min. Zubereitung
Pro Portion ca. 740 kcal, 13 g EW, 16 g F, 132 g KH

1 In einem Topf 2 EL Orangensaft, 150 ml Wasser, Hirse und 1 Prise Salz aufkochen. Hirse zugedeckt bei geringer Hitze ca. 5 Min. kochen, dann auf der abgeschalteten Herdplatte 10 Min. quellen lassen.

2 Inzwischen die Feigen klein würfeln. Die Orange so schälen, dass auch die weiße Haut mit entfernt wird, dann in 2 cm große Stücke schneiden. Birne waschen, vierteln, entkernen und klein schneiden. Obst, Hirse und Nüsse in eine Schüssel mit dicht schließendem Deckel geben, verschließen. Restlichen Orangensaft mit Honig, Minze und Zitronensaft in einem Schraubglas mischen, verschließen. Vor dem Verzehr den Salat mit der Sauce mischen.

knusperlustig | sommerlich

Cantuccini-Obst-Salat

50 g kernlose grüne Weintrauben | 200 g Honigmelone | 50 g Himbeeren | 1 kleine Banane | 1 TL flüssiger Honig | 2 EL Orangensaft | 1 EL Zitronensaft | 1 EL Mandellikör (z. B. Amaretto; nach Belieben) | 50 g Cantuccini (ital. Mandelkekse)

Für 1 Person | 10 Min. Zubereitung
Pro Portion ca. 530 kcal, 10 g EW, 12 g F, 92 g KH

1 Die Weintrauben waschen und halbieren. Die Honigmelone schälen, entkernen und das Fruchtfleisch ca. 2 cm groß würfeln. Himbeeren verlesen, waschen und vorsichtig trocken tupfen. Die Banane schälen und in ½ cm dicke Scheiben schneiden.

2 Das Obst in einer Schüssel mit dicht schließendem Deckel mit Honig, Orangensaft, Zitronensaft und nach Belieben mit Mandellikör mischen. Die Schüssel verschließen. Die Cantuccini grob hacken und separat in einem Schraubglas mitnehmen. Erst kurz vor dem Servieren die Cantuccini über den Obstsalat streuen.

sommerlich-leicht

Hirten-Weizen-Salat

80 g vorgegarter Hartweizen | Salz | 2 Frühlingszwiebeln | 75 g gegrillte, in Öl eingelegte Paprikaschoten (aus dem Glas) | 1 Mini-Salatgurke | 75 g Schafskäse (Feta) | 6 schwarze Oliven | 2 EL Olivenöl | 1–2 EL Zitronensaft | Pfeffer

Für 1 Person | 20 Min. Zubereitung
Pro Portion ca. 855 kcal, 17 g EW, 52 g F, 66 g KH

1 Weizen nach Packungsanweisung in kochendem Salzwasser garen. Die Zwiebeln waschen, putzen, in dünne Ringe schneiden. Paprika abtropfen lassen, in dünne Streifen schneiden. Gurke schälen, längs halbieren, mit einem Löffel die Kerne herauskratzen. Gurkenhälften 1 cm groß würfeln. Käse zerkrümeln.

2 Weizen in ein Sieb abgießen, abtropfen lassen. Mit allen vorbereiteten Zutaten, Oliven, Öl und 1 EL Zitronensaft in einer Schüssel mit dicht schließendem Deckel mischen, auskühlen lassen. Mit Salz, Pfeffer und eventuell Zitronensaft abschmecken, verschließen und bis zum Verzehr kalt stellen.

herbstlich

Reissalat mit Pilzen

250 g vorgegarter Langkornreis | 150 g Egerlinge | 1 kleine rote Zwiebel | 1 EL Öl | Salz | Pfeffer | 2 EL Kräuterfrischkäse | 5 EL Milch | 1 EL Aceto balsamico bianco | 1 EL gehackte TK-Petersilie

Für 1 Person | 15 Min. Zubereitung
Pro Portion ca. 635 kcal, 22 g EW, 22 g F, 86 g KH

1 Den Reis nach Packungsanweisung in der Mikrowelle oder in der Pfanne fertig garen. Pilze trocken abreiben, putzen und in ca. ½ cm dicke Scheiben schneiden. Zwiebel schälen und in dünne Spalten schneiden. Öl in einer Pfanne erhitzen. Pilze und Zwiebel darin bei mittlerer Hitze ca. 5 Min. braten, bis die Pilze gebräunt sind und alle Flüssigkeit verdampft ist. Mit Salz und Pfeffer würzen.

2 In einer Schüssel mit dicht schließendem Deckel Frischkäse, Milch, Essig und die Petersilie glatt verrühren. Reis und Pilze untermischen und den Salat mit Salz und Pfeffer abschmecken. Schüssel verschließen, den Salat bis zum Verzehr kalt stellen.

mediterraner Lunch

Feldsalat und Tomaten mit Thunfischdressing

Auch Blattsalate lassen sich prima mitnehmen, wie dieses Rezept zeigt. Einfach das Dressing separat einpacken, dann steht dem knackigen Genuss nichts im Wege.

50 g Feldsalat
1 Frühlingszwiebel
8 Datteltomaten
75 g Thunfisch im eigenen Saft (aus der Dose)
1 EL frisch geriebener Parmesan
2 EL Aceto balsamico bianco
4 EL Olivenöl
1 TL flüssiger Honig
Salz | Pfeffer

Für 1 Person | 25 Min. Zubereitung
Pro Portion ca. 540 kcal, 22 g EW, 43 g F, 18 g KH

1 Den Feldsalat verlesen, putzen, waschen und trocken schleudern. Die Frühlingszwiebel waschen, putzen und in dünne Ringe schneiden. Die Tomaten waschen und längs halbieren. Feldsalat, Frühlingszwiebel und Tomaten in einer Schüssel mit dicht schließendem Deckel mischen, verschließen und in den Kühlschrank stellen.

2 Für das Dressing den Thunfisch abtropfen lassen und mit einer Gabel grob zerpflücken. Mit Parmesan, Essig, Öl und Honig in eine hohe Rührschüssel geben und mit dem Stabmixer fein pürieren. (Das Dressing sollte leicht dicklich und nicht zu flüssig sein. Wenn es zu fest ist, noch etwas Olivenöl oder Wasser dazugeben.) Dressing mit Salz und Pfeffer abschmecken, in ein Schraubglas füllen und dieses verschließen. Dressing kurz vor dem Servieren über den Salat geben und alles gut vermischen.

UND DAZU?

Zu diesem mediterranen Salatgenuss passt am besten Baguette, Ciabatta, Focaccia oder Olivenbrot. Wer mag, kann das Brot in dünne Scheiben schneiden, schön knusprig toasten und mit Pesto (s. S. 7) oder Oliven-Tapenade (aus dem Glas) bestreichen.

SPEED-TIPP

Ganz fix ist der Salat fertig, wenn Sie den Feldsalat durch 50 g fertige Blattsalatmischung (aus dem Kühlregal) ersetzen. Diese Mischungen sind bereits geputzt und gewaschen, und Sie können den Salat direkt mit den anderen Zutaten mischen.

VARIANTE – THUNFISCH-BOHNEN-SALAT

Ersetzen Sie die kleinen Datteltomaten durch 100 g weiße Riesenbohnen (aus der Dose). Diese in ein Sieb abgießen, abbrausen und abtropfen lassen, bevor Sie sie mit dem Feldsalat und der Frühlingszwiebel mischen. Den zerpflückten Thunfisch unter die Salatmischung geben. Fürs Dressing einfach den Essig, 3 EL Olivenöl und den Honig miteinander verrühren und mit Salz und Pfeffer abschmecken, den Parmesan weglassen. Salatmischung und Dressing wie im Rezept beschrieben separat transportieren, das Dressing erst kurz vor dem Servieren zum Salat geben und untermischen.

schmeckt auch mit Chorizo

Gnocchisalat mit Salami

1 kleine rote Zwiebel | 5–6 Kirschtomaten
3–4 dünne Scheiben Salami
5 grüne Oliven (ohne Stein)
½ Bund Rucola | 1 EL Rotweinessig
Salz | Pfeffer
2 EL Olivenöl
200 g Gnocchi (aus dem Kühlregal)

Für 1 Person | 20 Min. Zubereitung
Pro Portion ca. 610 kcal, 12 g EW, 28 g F, 77 g KH

1 Zwiebel schälen, halbieren, in dünne Streifen schneiden. Die Tomaten waschen und halbieren. Die Salami in breite Streifen schneiden, die Oliven grob hacken. Rucola verlesen, waschen, trocken schütteln, harte Stiele entfernen und die Blätter grob hacken. Salami, Oliven und Rucola in eine Schüssel mit dicht schließendem Deckel geben.

2 Essig mit Salz und Pfeffer würzen, 1 EL Olivenöl unterschlagen. Übriges Öl in einer Pfanne erhitzen, Zwiebel darin anbraten. Gnocchi dazugeben und ca. 5 Min. bei mittlerer Hitze mitbraten. Tomaten dazugeben und weitere 1–2 Min. mitbraten.

3 Den Pfanneninhalt in die Schüssel geben und alles mit dem Dressing mischen. Salat auskühlen lassen, dann die Schüssel verschließen. Den Salat vor dem Verzehr am besten etwas ziehen lassen.

GUT ZU WISSEN

Gnocchi gibt es meist in 400-g-Packungen im Supermarkt zu kaufen. Eine Hälfte im Salat verwenden, die andere schmeckt – gebraten oder im Wasser erhitzt – mit Pesto jeder Art (z. B. Tomaten-Oliven-Pesto, s. S. 7).

biergartentauglich

Linsen-Debreziner-Salat

75 g kleine graubraune Pardina Linsen (ersatzweise andere kleine braune Linsen)
Salz
1 Schalotte
1 Paar Debreziner Würstchen
2 TL Olivenöl
1 EL Aceto balsamico
½ TL flüssiger Honig
¼ TL edelsüßes Paprikapulver
Pfeffer
4 Basilikumblätter (nach Belieben)

Für 1 Person | 30 Min. Zubereitung
Pro Portion ca. 875 kcal, 41 g EW, 62 g F, 40 g KH

1 Die Linsen in einem Topf mit Wasser bedecken, aufkochen und bei geringer Hitze 25–30 Min. zugedeckt sanft kochen lassen. Nach ca. 15 Min. salzen.

2 Inzwischen die Schalotte schälen und in dünne Spalten schneiden. Die Debreziner in ca. 1 cm dicke Scheiben schneiden. In einer Pfanne 1 TL Öl erhitzen und darin die Schalotte und Debreziner bei starker Hitze ca. 3 Min. scharf anbraten, beiseitestellen.

3 In einer Schüssel mit dicht schließendem Deckel den Aceto balsamico mit Honig und Paprikapulver verrühren, restliches Öl unterschlagen. Die Linsen in ein Sieb abgießen und abtropfen lassen. Linsen und Zwiebel-Debreziner-Mischung in die Schüssel geben, gut durchmischen. Salat mit Salz und Pfeffer abschmecken, dann die Schüssel verschließen und den Salat bis zum Verzehr kalt stellen. Kurz vor dem Servieren nach Belieben die Basilikumblätter grob zerzupfen und über den Salat streuen.

oben: Gnocchisalat mit Salami | unten: Linsen-Debreziner-Salat

1

2

3

deftiger Pausenschmaus

Kartoffelsalat mit Ei und Räuchermakrele

Hier vereinen sich Fisch und Kartoffeln zu einem klasse Sattmacher. Zum Mitnehmen besonders praktisch, weil gleich alles in einer Schüssel Platz findet.

300 g festkochende Kartoffeln | Salz
1 Ei (L) | 1 Frühlingszwiebel
1 geräuchertes Makrelenfilet (ohne Haut, ca. 100 g)
50 g Naturjoghurt
2 EL leichte Salatcreme | Pfeffer
½–1 TL Meerrettich (aus dem Glas, nach Belieben)

Für 1 Person | 40 Min. Zubereitung
Pro Portion ca. 575 kcal, 36 g EW, 25 g F, 52 g KH

1 Die Kartoffeln waschen. Wenig Salzwasser in einem kleinen Topf zum Kochen bringen und darin die Kartoffeln zugedeckt bei geringer bis mittlerer Hitze in ca. 20 Min. weich garen. Die Kartoffeln mit einer Kartoffelgabel einstechen und testen, ob sie fertig sind – die Gabel muss sich ganz leicht wieder herausziehen lassen. (Bild 1).

2 Inzwischen das Ei in einem separaten Topf in 10–12 Min. hart kochen, dann abschrecken. Die Frühlingszwiebel waschen, putzen und in dünne Ringe schneiden. Das Makrelenfilet in mundgerechte Stücke zupfen.

3 Die Kartoffeln abgießen, abschrecken, pellen (Bild 2) und in dünne Scheiben schneiden. Das Ei schälen und grob hacken. Anschließend für das Dressing Joghurt und Salatcreme miteinander verrühren. Das Dressing mit Salz, Pfeffer und nach Belieben mit Meerrettich abschmecken.

4 Kartoffeln und Ei mit der Frühlingszwiebel und den Fischfiletstücken in eine Schüssel mit dicht schließendem Deckel geben und mit dem Dressing mischen (Bild 3). Die Schüssel verschließen, den Salat in den Kühlschrank stellen und bis zum Verzehr durchziehen lassen.

VARIANTE – RÄUCHERFISCHSALAT MIT GRAPEFRUIT

1 rosa Grapefruit so schälen, dass auch die weiße Haut mit entfernt wird. Die Fruchtfilets zwischen den Trennhäuten herausschneiden, dabei den ablaufenden Saft auffangen. 1 Schalotte schälen und in dünne Spalten schneiden. 200 g geräuchertes Forellenfilet (ohne Haut) in mundgerechte Stücke zupfen und mit den Grapefruitfilets sowie der Schalotte in einer Schüssel mit dicht schließendem Deckel mischen. Aufgefangenen Grapefruitsaft mit ½ TL flüssigem Honig und nach Belieben je 1 Prise Zimtpulver und gemahlenem Koriander verrühren. Die Sauce mit Salz und Pfeffer abschmecken, 2 EL Olivenöl unterschlagen. Sauce zum Salat geben und mit allen Zutaten in der Schüssel gut durchmischen. Die Schüssel verschließen, den Salat bis zum Verzehr kalt stellen und durchziehen lassen. Dazu schmeckt Baguette.

TIPP – CLEVER VORBEREITEN

Beide Salate können ohne Weiteres schon am Vorabend zubereitet werden. Wenn sie dann über Nacht gut durchziehen, schmecken sie sogar noch besser.

süß-würzig

Möhrensalat mit Currytofu

2 Möhren | Salz
½ Bund Petersilie | 6 Walnusskernhälften
1 EL Rosinen | 1 Stück Ingwer (ca. 2 cm)
2 EL Rapsöl | 1 TL flüssiger Honig
je ¼ TL gemahlener Kreuzkümmel,
gemahlener Koriander und Kurkumapulver
Pfeffer | 150 g Tofu
1 TL Currypulver

Für 1 Person | 30 Min. Zubereitung
Pro Portion ca. 490 kcal, 17 g EW, 35 g F, 27 g KH

1 Die Möhren schälen, in ½ cm dicke Scheiben schneiden und in wenig kochendem Salzwasser offen in ca. 5 Min. bei mittlerer Hitze bissfest garen. In ein Sieb abgießen und abtropfen lassen. Petersilie abbrausen, trocken schütteln und die Blätter grob hacken. Die Walnüsse ebenfalls grob hacken. Alles mit den Rosinen in einer Schüssel mit dicht schließendem Deckel mischen.

2 Den Ingwer schälen und fein reiben. Mit 1 EL Öl, dem Honig, Kreuzkümmel, Koriander und Kurkuma verrühren. Das Dressing mit Salz und Pfeffer abschmecken, über den Salat geben und gut untermischen. Die Schüssel verschließen.

3 Den Tofu quer in sechs ca. 1 cm breite Scheiben schneiden. Die Tofuscheiben mit Salz, Pfeffer und Currypulver einreiben. Übriges Öl in einer Pfanne erhitzen, Tofu darin bei mittlerer Hitze rundherum in 4–5 Min. goldbraun braten, auskühlen lassen und in einer Brotzeitbox verpacken. Zum Verzehr den Tofu mit dem Salat anrichten.

wird mit Räuchertofu vegetarisch

Putensalat mit Ananas

50 g Glasnudeln | Salz
250 g Putenschnitzel | ½ Ananas (ca. 300 g)
50 g Mungobohnensprossen
2 Stängel Minze
50 ml Gemüsebrühe | ½ TL Currypulver
1 EL Limettensaft | 1 EL Sojasauce
Pfeffer | 2 EL Rapsöl
3 EL Cashewnüsse

Für 2 Personen | 25 Min. Zubereitung
Pro Portion ca. 455 kcal, 35 g EW, 18 g F, 38 g KH

1 Die Glasnudeln mit kochend heißem, leicht gesalzenem Wasser übergießen und ca. 10 Min. einweichen. Das Putenschnitzel in mundgerechte Streifen schneiden. Ananas schälen, vom Strunk befreien und in kleine Stücke schneiden. Sprossen abbrausen und gut abtropfen lassen. Nudeln in einem Sieb abtropfen lassen, mit einer Küchenschere auf mundgerechte Länge kürzen.

2 Für das Dressing die Minze abbrausen, trocken schütteln und die Blätter fein hacken. Mit Brühe, Currypulver, Limettensaft und Sojasauce verrühren, salzen und pfeffern, 1 EL Öl unterschlagen. Cashewnüsse grob hacken und in einer Pfanne ohne Fett anrösten, bis sie duften, dann herausnehmen.

3 Restliches Öl in der Pfanne erhitzen und die Putenstreifen darin bei starker Hitze ca. 4 Min. scharf anbraten. Putenstreifen, Nudeln, Ananas, Sprossen, Cashewnüsse und das Dressing in einer Schüssel mit dicht schließendem Deckel mischen, verschließen. Salat bis zum Verzehr kalt stellen.

oben: Möhrensalat mit Currytofu | unten: Putensalat mit Ananas

Klassiker im Büro-Outfit

Sommerlicher Brotsalat

Dieser All-in-one-Salat ist bestens für einen fixen Lunch geeignet – und das nicht nur in einer Saison, er schmeckt das ganze Jahr über in unterschiedlichen Kombinationen.

1 kleine rote Zwiebel
100 g eingelegte Artischockenherzen (aus der Dose)
1 kleines Ciabattabrötchen (ca. 100 g)
2 TL Kapern
1 EL Rotweinessig
Salz | Pfeffer
1 EL Olivenöl
50 g Ziegengouda
3 hauchdünne Scheiben Mortadella

Für 1 Person | 15 Min. Zubereitung
Pro Portion ca. 715 kcal, 27 g EW, 40 g F, 61 g KH

1 Die Zwiebel schälen und in dünne Spalten schneiden. Artischockenherzen abtropfen lassen und grob zerkleinern. Das Ciabatta in ca. 2 cm große Würfel schneiden. Alles zusammen in eine Schüssel mit dicht schließendem Deckel geben, verschließen und kalt stellen.

2 Für das Dressing die Kapern sehr fein hacken und mit dem Essig verrühren, mit Salz und Pfeffer würzen, das Olivenöl unterschlagen. Das Dressing in ein Schraubglas füllen.

3 Ziegengouda mit einem Sparschäler in feine Streifen hobeln, die Mortadellascheiben in mundgerechte Stücke zerteilen. Beides separat in einer Brotzeitbox verpacken und kalt stellen.

4 Kurz vor dem Verzehr den Ziegenkäse und die Mortadella zur Brot-Zwiebel-Artischocken-Mischung geben, das Dressing darübergießen und alles gut miteinander vermengen.

VARIANTE – HERBSTLICHER BROTSALAT

Für 1 Person 6 Walnusskernhälften grob hacken und in einer Pfanne ohne Fett bei mittlerer Hitze anrösten, bis sie duften. Herausnehmen und beiseitestellen. 100 g Walnussbrot in 2 cm große Würfel schneiden und in der Pfanne anrösten, bis sie leicht gebräunt und trocken sind, herausnehmen. 1 Stück Hokkaido-Kürbis (ca. 130 g) waschen, die Kerne und Fasern entfernen, das Fruchtfleisch in dünne Spalten schneiden. 100 g Pfifferlinge trocken abreiben und putzen (ersatzweise Kräuterseitlinge nehmen und in mundgerechte Stücke schneiden). In der Pfanne 2 EL Olivenöl erhitzen, Kürbis und Pfifferlinge darin bei mittlerer Hitze zugedeckt 6–8 Min. braten. Mit Salz, Pfeffer und ¼ TL Fenchelsamen würzen, auskühlen lassen. Brot, Nüsse, Pfifferlinge und Kürbis in einer Schüssel mit dicht schließendem Deckel mischen, verschließen und in den Kühlschrank stellen. Für das Dressing 1 EL Aceto balsamico bianco, 50 ml Gemüsebrühe, 2 EL Olivenöl, Salz und Pfeffer in ein Schraubglas geben, verschließen und kräftig schütteln. Das Dressing ca. 2 Std. vor dem Verzehr über den Brotsalat gießen, alles gut durchmischen und durchziehen lassen.

Sandwiches, Wraps & Co.

Bei einer köstlichen Fenchelsalami und Tomaten in Öl muss man eigentlich immer zugreifen – zwei Zutaten, die ein Sandwich zur Leibspeise machen. Oder ist Ihnen heute eher nach Matjes im Brötchen oder Gurken-Kresse-Aufstrich auf Vollkornbrot? Dann sollten Sie unbedingt in diesem Kapitel weiterblättern.

Antipasti-Sandwich mit Fenchelsalami

50 g gegrillte, in Öl eingelegte Paprikaschoten (aus dem Glas)
2 getrocknete, in Öl eingelegte Tomaten
1 Baguettebrötchen
2 TL schwarze Oliven-Tapenade (aus dem Glas)
6 dünne Scheiben Fenchelsalami
1 EL Ziegenfrischkäse

Für 1 Person | 5 Min. Zubereitung
Pro Portion ca. 290 kcal, 9 g EW, 17 g F, 20 g KH

1 Die Paprikaschoten und die Tomaten abtropfen lassen und in dünne Streifen schneiden. Das Brötchen aufschneiden und beide Hälften dünn mit der Tapenade bestreichen.

2 Die untere Brötchenhälfte mit Salami belegen, Paprika und Tomaten daraufgeben. Den Frischkäse darauf verteilen, obere Brötchenhälfte mit Tapenade-Seite nach unten auflegen. Für den Transport: Sandwich in Folie wickeln oder eine Brotzeittüte stecken.

TIPP – EINGELEGTE PAPRIKA SELBST GEMACHT
Backofengrill vorheizen. Je 2 rote und gelbe Paprikaschoten halbieren, putzen, waschen. Paprikahälften mit den Schnittflächen nach unten auf ein mit extrastarker Alufolie belegtes Blech legen und in den Ofen (Mitte) schieben. Die Paprika unter dem Grill ca. 15 Min. rösten, bis die Haut schwarze Blasen wirft. Schoten aus dem Ofen nehmen und 5 Min. mit einem feuchten Tuch bedecken, dann häuten und längs in 3 cm breite Streifen schneiden. Paprika in einem Schraubglas mit Olivenöl bedecken. Haltbarkeit: im Kühlschrank ca. 2 Wochen.

Antipasto „to go“

Vitello Wrapato

Hier wird Vitello tonnato in Wrap-Tortillas eingerollt und verwandelt sich auf diese Weise vom italienischen Vorspeisenklassiker zum Crossover-Lunch.

1 Dose Thunfisch im eigenen Saft (140 g Abtropfgewicht)
1 TL Kapern
2 EL Mayonnaise
Saft und fein abgeriebene Schale von ½ Bio-Zitrone
Salz | Pfeffer
2 Blätter Eichblattsalat
2 Wrap-Tortillas (Fertigprodukt, à ca. 60 g)
4 Scheiben Roastbeef

Für 1 Person | 15 Min. Zubereitung
Pro Portion ca. 835 kcal, 58 g EW, 26 g F, 85 g KH

1 Den Thunfisch abtropfen lassen und in einen hohen Rührbecher geben. Kapern, Mayonnaise, Zitronensaft und -schale dazugeben und alles mit dem Stabmixer fein pürieren. Die Thunfischcreme mit Salz und Pfeffer abschmecken.

2 Die Salatblätter waschen und mit Küchenpapier trocken tupfen. Die harten Strünke entfernen und die Blätter mundgerecht zerzupfen.

3 Jeden Wrap jeweils mit der Hälfte der Thunfischcreme bestreichen, dabei rundherum einen ca. 3 cm breiten Rand frei lassen. Den Salat auf den Wraps verteilen und je 2 Roastbeefscheiben darauflegen. Seitliche Wrap-Ränder über die Füllung schlagen und die Wraps von unten nach oben so fest wie möglich einrollen. Die Wraps für den Transport straff in Alufolie wickeln.

VARIANTE – PARMA-WRAP MIT FEIGENCREME

Für 1 Person 1 Feige (sie gibt dem gerollten Italo-Imbiss den gewissen Extrapfiff) halbieren, das Fruchtfleisch mit einem Löffel aus den Schalenhälften lösen und in eine kleine Schüssel geben. Mit 50 g saurer Sahne und 2 TL Feigensenf glatt rühren. ½ Bund Rucola verlesen, waschen, trocken schütteln und harte Stiele entfernen. Die Feigencreme auf 2 Wrap-Tortillas (Fertigprodukt, à ca. 60 g) verteilen, dabei rundherum einen ca. 3 cm breiten Rand frei lassen. Jeden Wrap mit 2 dünnen Scheiben Parmaschinken belegen, den Rucola darauf verteilen, salzen und pfeffern. Nach Belieben noch ein wenig Parmesan darüberhobeln. Die seitlichen Wrap-Ränder über die Füllung schlagen. Die Wraps von unten nach oben so fest wie möglich einrollen und für den Transport straff in Alufolie wickeln.

GUT ZU WISSEN

Am besten eignen sich für die Rezepte die großen Wrap-Tortillas, sie bieten reichlich Raum für die leckere Füllung. Zu kaufen gibt es sie in gut sortierten Supermärkten.

UND DAZU?

Als Begleitung zum Wrap macht sich ein knackiger Blattsalat oder ein gemischter Salat mit Essig-Öl-Dressing besonders gut. Und wer beim Antipasti-Motto bleiben möchte, genießt dazu eine Portion Caprese, wie man den typischen Tomaten-Mozzarella-Salat mit Basilikum und Olivenöl in Italien nennt.

Nicht nur Weidmannsheil!

Speck-Pilz-Sandwich

Mit dieser aromatischen Kombi holen Sie sich zur Pause eine Portion Waldluft aus der Lunchbox direkt ins Büro. Also: einmal tief durchatmen und genießen.

1 Schalotte | 150 g Egerlinge oder Champignons | 6 dünne Scheiben durchwachsener Räucherspeck | Salz | Pfeffer | 3 EL Frischkäse | ½–1 TL mittelscharfer Senf | 1 TL gehackte TK-Petersilie | 4 Scheiben Vollkorn-Sandwichbrot

Für 1 Person
35 Min. Zubereitung | Kühlen über Nacht
Pro Portion ca. 300 kcal, 18 g EW, 7 g F, 42 g KH

1 Die Schalotte schälen und fein würfeln. Die Pilze trocken abreiben, putzen und sehr fein würfeln.

2 Den Speck in einer Pfanne ohne Fett bei starker Hitze auslassen, bis er knusprig ist. Herausnehmen und beiseitestellen. Schalotte in die Pfanne geben und glasig braten. Pilze dazugeben und bei mittlerer Hitze ca. 6 Min. braten, bis alle Flüssigkeit verdampft ist. Salzen, pfeffern, etwas abkühlen lassen.

3 Frischkäse, ½ TL Senf und die Petersilie unter die Pilze mischen und die Creme mit Salz, Pfeffer und nach Belieben Senf abschmecken. Speck und Pilzcreme über Nacht zugedeckt kalt stellen.

4 Am nächsten Morgen das Sandwichbrot im Toaster goldbraun rösten. Auf jede Brotscheibe je ein Viertel der Pilzcreme streichen. 2 Brotscheiben mit je 3 Speckscheiben belegen. Die übrigen Brotscheiben mit der bestrichenen Seite nach unten auflegen und leicht andrücken.

5 Die Sandwiches für den Transport entweder in Alu- oder Frischhaltefolie wickeln oder mit je einem Zahnstocher fixiert in eine Brotzeitdose legen.

Tex-Mex-inspiriert | würzig

Avocado-Tramezzini

10 Petersilienblättchen | 60 g Kidneybohnen (aus der Dose) | 2 EL saure Sahne | Salz | Pfeffer | 2 getrocknete, in Öl eingelegte Tomaten | ½ Avocado | 1 EL Zitronensaft | 2 Spritzer Tabasco | 3 Scheiben Tramezzinibrot | 50 g frisch geriebener Cheddar oder Gouda

Für 1 Person | 15 Min. Zubereitung
Pro Portion ca. 695 kcal, 26 g EW, 46 g F, 41 g KH

1 Petersilie, Bohnen und Sahne mit dem Stabmixer fein pürieren, salzen, pfeffern. Die Tomaten klein schneiden. Avocadofruchtfleisch aus der Schale löffeln, mit einer Gabel zermusen, mit Zitronensaft, Tabasco und Tomaten mischen, salzen, pfeffern.

2 Bohnenpaste auf 1 Brotscheibe, Avocadocreme auf 1 weitere streichen. Käse auf die Bohnenpaste streuen, darauf das Avocadobrot legen. Die leere Brotscheibe auflegen, leicht andrücken. Tramezzini erst quer halbieren, dann diagonal durchschneiden und jedes Stück straff in Frischhaltefolie wickeln.

japanisch inspiriert

Scharfe Lachs-Tramezzini

2 EL saure Sahne | ½ TL Wasabipaste (aus der Tube) | 1 EL Mayonnaise | 2 Scheiben Tramezzinibrot | 100 g Räucherlachs in Scheiben | 2 EL Sprossen (z. B. Alfalfa, Radieschen oder Senf)

Für 1 Person | 5 Min. Zubereitung
Pro Portion ca. 570 kcal, 33 g EW, 39 g F, 21 g KH

1 Sahne mit Wasabi und Mayonnaise verrühren. Die Creme auf beiden Brotscheiben verstreichen.

2 Lachs auf 1 Brotscheibe verteilen, mit Sprossen belegen. Das zweite Brot mit der bestrichenen Seite nach unten auflegen, leicht andrücken. Tramezzini zuerst quer halbieren, dann diagonal durchschneiden. Jedes Stück straff in Frischhaltefolie wickeln.

GUT ZU WISSEN

Tramezzinibrot gibt es in großen Scheiben ohne Rinde im Brotregal des Supermarkts. Ersatzweise Sandwichbrot verwenden und dieses vor dem Belegen entrinden – davon brauchen Sie für dieses Rezept 4 Scheiben.

vegetarisch | saftig

Auberginen-Sandwich mit Mozzarellatatar

1 kleine Aubergine (ca. 150 g)
1 EL Olivenöl | 1 Kugel Mozzarella (125 g)
1 EL Pesto rosso (aus dem Glas oder auch das Tomaten-Oliven-Pesto von S. 7)
Salz | Pfeffer | 1 Stängel Basilikum
4 große Scheiben Weißbrot (ersatzweise Sandwichbrot)

Für 1 Person | 15 Min. Zubereitung
Pro Portion ca. 675 kcal, 33 g EW, 41 g F, 42 g KH

1 Die Aubergine waschen und quer in 12 ca. 1 cm dicke Scheiben schneiden. Das Öl in einer großen Pfanne erhitzen und die Auberginenscheiben darin bei starker Hitze beidseitig je 2–3 Min. braten, auskühlen lassen. Den Mozzarella zuerst grob würfeln, dann fein hacken und mit dem Pesto vorsichtig mischen. Das Tatar mit Salz und Pfeffer würzen. Basilikumblättchen von dem Stängel abzupfen.

2 Die Brotscheiben im Toaster goldbraun rösten, dann 2 Scheiben jeweils mit 3 Auberginenscheiben belegen. Das Tatar darauf verteilen, die Basilikumblättchen sowie noch mal je 3 Auberginenscheiben daraufgeben. Die anderen beiden Brotscheiben auflegen und leicht andrücken. Zum Transportieren die Brote in Alu- oder Frischhaltefolie wickeln.

VARIANTE – MIT SCHINKEN

Hierfür Mozzarella weglassen. Pesto auf 2 geröstete Brotscheiben streichen und diese mit je 1 Scheibe gekochtem (Puten-)Schinken, den Auberginen und dem Basilikum belegen, übrige geröstete Brotscheiben auflegen.

Klassiker in neuem Gewand | schnell

Cordon-bleu-Sandwich mit Currymayo

½ Bund Rucola
2 EL Mayonnaise
1 TL Currypulver
1 TL Zitronensaft
3–4 Spritzer Worcestersauce
Salz | Pfeffer
4 Scheiben Sandwichbrot
2 Scheiben gekochter Schinken
2 Scheiben Emmentaler

Für 1 Person | 10 Min. Zubereitung
Pro Portion ca. 690 kcal, 39 g EW, 41 g F, 40 g KH

1 Rucola verlesen, waschen, trocken schütteln und die harten Stiele entfernen. Mayonnaise mit Currypulver, Zitronensaft und Worcestersauce verrühren, mit Salz und Pfeffer abschmecken.

2 Die Brotscheiben im Toaster goldbraun rösten und mit der Currymayonnaise bestreichen. Auf 2 Scheiben den Rucola verteilen, mit den Schinken- und Käsescheiben belegen. Die beiden restlichen Brotscheiben mit der bestrichenen Seite nach unten auflegen und leicht andrücken. Die Sandwiches diagonal halbieren und zum Transportieren in Alu- oder Frischhaltefolie wickeln.

TIPP – HEUTE MAL WARM SERVIERT

Diese Sandwiches eignen sich auch hervorragend für die Zubereitung im Sandwich-Toaster. Einfach die ungerösteten Brotscheiben wie oben beschrieben belegen und zusammensetzen. Dann im vorgeheizten Sandwich-Toaster in ca. 5 Min. goldbraun rösten.

oben: Auberginen-Sandwich mit Mozzarellatatar | unten: Cordon-bleu-Sandwich mit Currymayo

mediterran | Genuss in Hülle und Fülle

Pita mit Paprika-Feta-Salat

1 kleine rote Paprikaschote
1 Schalotte | 100 g Schafskäse (Feta)
6 schwarze Oliven (ohne Stein)
½ TL gehackte TK-Petersilie
½ TL getrocknete Kräuter der Provence
1 EL Olivenöl | Salz | Pfeffer
2 Pita-Brote (Brotregal im Supermarkt)

Für 1 Person | 15 Min. Zubereitung
Pro Portion ca. 735 kcal, 32 g EW, 31 g F, 78 g KH

1 Die Paprika vierteln, putzen, waschen und quer in dünne Streifen schneiden. Die Schalotte schälen, längs halbieren und dann quer in dünne Scheiben schneiden. Feta zerkrümeln, Oliven klein schneiden.

2 Paprika, Schalotte, Feta, Oliven, Kräuter und Öl in einer kleinen Schüssel mit dicht schließendem Deckel mischen, den Salat mit Salz und Pfeffer abschmecken. Die Schüssel verschließen. Pita-Brote in einem Plastikbeutel verpackt oder in Frischhalte- oder Alufolie gewickelt separat mitnehmen.

3 Kurz vorm Verzehr die Pita-Brote im Toaster (oder im 200° heißen Backofen, Umluft 180°) 2–3 Min. aufbacken, „markierte" Ecken abtrennen. Nacheinander die Brote mit einer Hand an den Seiten leicht zusammendrücken, sodass sich der Einschnitt öffnet und ein Hohlraum im Brot entsteht. Den Salat einfüllen und die Brote am besten sofort essen.

TIPP
Wer keinen Backofen oder Toaster im Büro hat, füllt die aufgebackenen Pitas bereits zu Hause, wickelt sie in Frischhaltefolie und nimmt sie so mit ins Büro.

Klassiker für unterwegs

Nordlicht-Burger

2 Blätter Radicchio
1 Matjesfilet (ca. 75 g)
¼ Apfel
½ Schalotte
1 EL Schmand
½ TL körniger Senf
Salz | Pfeffer
1 Kornspitz

Für 1 Person | 10 Min. Zubereitung
Pro Portion ca. 380 kcal, 18 g EW, 23 g F, 26 g KH

1 Die Radicchioblätter waschen und gut trocken tupfen, den harten Strunk herausschneiden. Das Matjesfilet abbrausen und trocken tupfen.

2 Den Apfel schälen, entkernen und klein würfeln. Die Schalotte schälen und ebenfalls klein würfeln. Beides mit Schmand und Senf verrühren, mit Salz und Pfeffer abschmecken.

3 Den Kornspitz aufschneiden. Die untere Hälfte mit den Radicchioblättern belegen. Das Matjesfilet darauflegen, den Apfel-Zwiebel-Schmand darauf verteilen. Die obere Brötchenhälfte auflegen und leicht andrücken. Das Brötchen in Frischhaltefolie wickeln und in einer Brotzeitbox transportieren.

VARIANTE – MIT GARNELEN
Für eine feine Edelvariante können Sie den Kornspitz durch 1 Baguettebrötchen ersetzen. Und anstatt des Matjesfilets werden 8 gegarte Riesengarnelen ohne Schale dicht an dicht auf den Salatblättern angerichtet. Den Apfel-Zwiebel-Schmand darauf verteilen und die obere Brötchenhälfte auflegen.

oben: Pita mit Paprika-Feta-Salat | unten: Nordlicht-Burger

vitaminreiche Energiespender

Fitnessbrote mit Gurken-Kresse-Aufstrich

50 g Ziegenfrischkäse
1 TL Dijon-Senf
1 TL Zitronensaft
1 TL Olivenöl
¼ TL Currypulver
2–3 Spritzer grüner Tabasco
Salz | Pfeffer
1 Mini-Salatgurke
1 hart gekochtes Ei
½ Kästchen Gartenkresse
3 dicke Scheiben Vollkornbrot

Für 1 Person | 10 Min. Zubereitung
Pro Portion ca. 650 kcal, 30 g EW, 29 g F, 66 g KH

1 Den Frischkäse mit Senf, Zitronensaft und dem Olivenöl glatt verrühren. Mit Currypulver, Tabasco, Salz und Pfeffer kräftig würzen.

2 Die Gurke waschen, längs halbieren und die Kerne mit einem Löffel herauskratzen. Die Gurkenhälften in kleine Würfel schneiden. Das Ei schälen und fein hacken. Die Kresse mit einer Küchenschere vom Beet abschneiden, ein bisschen davon für die Dekoration in ein Schraubglas geben.

3 Die Kresse mit den Gurkenwürfeln und dem Ei zum Frischkäse geben und gut untermischen. Den Aufstrich in eine Transportbox mit dicht schließendem Deckel oder in ein Schraubglas geben, verschließen und bis zur Verwendung kalt stellen.

4 Kurz vor dem Verzehr die Brote mit der Creme bestreichen und mit der Deko-Kresse garnieren.

nussiger Brotgenuss für Käsefreunde

Vollkornbaguette mit Käse-Walnuss-Creme

10 Walnusskernhälften
2 Stängel Petersilie
4 EL frisch geriebener Parmesan
3 EL Crème fraîche
1 TL Zitronensaft
Salz | Pfeffer
1 Birne
1 Vollkorn-Baguettebrötchen

Für 1 Personen | 10 Min. Zubereitung
Pro Portion ca. 545 kcal, 15 g EW, 38 g F, 35 g KH

1 Die Walnüsse grob hacken. Die Petersilie abbrausen und trocken schütteln, die Blättchen von den Stängeln zupfen und fein hacken. Beides mit dem Parmesan in eine Schüssel geben.

2 Die Crème fraîche und den Zitronensaft mit in die Schüssel geben und alles glatt verrühren. Die Creme mit Salz und Pfeffer würzen, in ein Schraubglas füllen und bis zur Verwendung kalt stellen.

3 Kurz vor dem Verzehr die Birne waschen und halbieren. Das Kerngehäuse entfernen und eine Birnenhälfte längs in dünne Scheiben schneiden. Das Brötchen aufschneiden und beide Hälften mit der Käse-Walnuss-Creme bestreichen und mit den Birnenspalten belegen. Die andere Birnenhälfte dazu essen oder als Dessert servieren.

oben: Fitnessbrote mit Gurken-Kresse-Aufstrich | unten: Vollkornbaguette mit Käse-Walnuss-Creme

Mal warm, mal kalt

Ob Suppe, Pasta oder Teigtasche – jedes Gericht dieses Kapitels wird daheim heiß zubereitet und entweder gleich verspeist oder ausgekühlt und gut verpackt mit ins Büro genommen. Stehen einem dort Mikrowelle, Backofen oder Herdplatte zur Verfügung, kann man alles nicht nur kalt, sondern auch warm essen.

Gefüllte Yufka-Röllchen

1 Zwiebel | 1 Knoblauchzehe
5 EL Olivenöl | 300 g Rinderhackfleisch
2 EL Tomatenmark | Salz | Pfeffer
1 TL getrockneter Oregano
12 Yufkateig-Dreiecke (250 g, aus dem türkischen Supermarkt, ersatzweise griechischer Filoteig)

Für 2 Personen
25 Min. Zubereitung | 20 Min. Backen
Pro Portion ca. 1045 kcal, 40 g EW, 80 g F, 42 g KH

1 Die Zwiebel und den Knoblauch schälen und klein würfeln. In einer Pfanne 1 EL Olivenöl erhitzen. Darin Zwiebel und Knoblauch glasig dünsten. Das Hackfleisch dazugeben und bei starker Hitze in ca. 3 Min. scharf anbraten, bis es krümelig ist. Tomatenmark dazugeben und bei geringer Hitze ca. 1 Min. mitbraten. Das Hackfleisch mit Salz, Pfeffer und Oregano würzen und etwas abkühlen lassen.

2 Inzwischen den Backofen auf 180° (Umluft 160°) vorheizen, das Backblech mit Backpapier auslegen. Teigdreiecke auf einer Seite mit 2–3 EL Olivenöl bestreichen und je 2 Dreiecke so aufeinanderlegen, dass die Ölseiten immer oben sind.

3 Das Hackfleisch in sechs Portionen teilen und jeweils als länglichen Streifen ca. 3 cm vom Rand entfernt auf die breite Seite eines Teigdreiecks setzen. Die seitlichen Teigränder über die Füllung klappen und den Teig von der breiten Seite zur Spitze hin aufrollen. Die Yufka-Röllchen mit dem restlichen Öl bestreichen, auf das Blech legen und im Ofen (Mitte) in 15–20 Min. goldbraun backen.

UND DAZU?

Pro Portion 2 Handvoll fertige Blattsalatmischung (aus dem Kühlregal) mit 3–4 EL Dressing (z. B. vom Thunfisch-Bohnen-Salat, s. S. 12) anmachen und dazu essen.

saftig | picknicktauglich

Lammhackbällchen aus dem Ofen

In diesen Bällchen verbinden sich einfache Aromen zu einem tollen Geschmackserlebnis – und dazu lassen sie sich noch ganz leicht zubereiten. Was will man mehr!

Für die Hackbällchen
4 EL Milch
1 Scheibe Toastbrot
1 kleine Zwiebel
1 kleine Möhre
1 Ei (M)
2 EL Sesamsamen
1–2 TL extrascharfer Senf
400 g Lammhackfleisch (beim Metzger frisch durchdrehen lassen; ersatzweise Rinderhackfleisch)
Salz | Pfeffer
Für den Dip
100 g gebratene, in Öl eingelegte Auberginen (aus dem Glas)
½ Bund Petersilie
¼ TL gemahlener Kreuzkümmel
1–2 EL Zitronensaft
Salz | Pfeffer

Für 2 Personen | 35 Min. Zubereitung
Pro Portion ca. 640 kcal, 45 g EW, 46 g F, 12 g KH

1 Backofen auf 220° vorheizen, ein Backblech mit Backpapier auslegen. Für die Hackbällchen die Milch lauwarm erwärmen, den Toast darin einweichen. Zwiebel und Möhre schälen und auf einer Küchenreibe fein reiben. Alles mit Ei, Sesam, Senf und Hackfleisch gut vermischen. Die Lammhackmasse mit Salz und Pfeffer würzen.

2 Aus der Hackfleischmasse 24 walnussgroße Bällchen formen und auf das Backblech legen. Die Bällchen im Ofen (Mitte, Umluft 200°) in 20–25 Min. gar und knusprig braten.

3 Inzwischen für den Dip die Auberginen kurz abtropfen lassen und in einen Rührbecher geben. Petersilie abbrausen und trocken schütteln, die Blättchen abzupfen und mit Kreuzkümmel und Zitronensaft zu den Auberginen geben. Alles mit dem Stabmixer fein pürieren. Mit Salz und Pfeffer würzen. Den Dip mit den Hackbällchen essen.

SERVIER-TIPP

Die Lammhackbällchen schmecken natürlich auch kalt sehr gut – entweder mit Zucchini-Tsatsiki (s. S. 52) und ein paar Salatblättern in ein Pita-Brot füllen, zum Hirten-Weizen-Salat (s. S. 11) reichen oder zu Blattsalaten mit Kräuterdressing genießen. Ebenfalls sehr fein: ein paar Hackbällchen als Einlage in der Tomaten-Orangen-Suppe (s. S. 40). Die Bällchen dann aber vorher in einer Pfanne bei geringer Hitze in ca. 10 Min. heiß werden lassen.

GUT ZU WISSEN

Die Hackbällchen lassen sich bestens einfrieren – dazu die ausgekühlten Bällchen nebeneinander auf einem Blech oder in einer Plastikbox vorfrieren, dann in einen Beutel umfüllen und komplett tiefkühlen. Bei Bedarf die benötigte Menge auftauen und nochmals richtig erhitzen – im 160° heißen Backofen (Umluft 140°) in ca. 15 Min. oder in ca. 2 Min. in der Mikrowelle bei voller Wattzahl.

dreierlei Knusperei

Kalbsschnitzelchen mit drei Panaden

Dieses Rezept lässt sich beliebig vervielfachen, sodass Sie auch die entsprechende Menge für ein Partybüfett vorbereiten können – ob kalt oder warm, entscheiden Sie.

2 dünne Kalbsschnitzel (à ca. 150 g)
Salz | Pfeffer
2 EL Mehl | 1 Ei (L)
3 EL Öl

Für die Käse-Nuss-Panade
2 EL gemahlene Haselnüsse
1 TL frisch geriebener Parmesan
1 TL getrocknete Kräuter der Provence

Für die Tomaten-Knusper-Panade
2 getrocknete, in Öl eingelegte Tomaten
2 EL Cornflakes
1 EL Semmelbrösel

Für die Schwarzkümmelpanade
4 schwarze Oliven (ohne Stein)
1 TL Schwarzkümmelsamen (aus dem türkischen Supermarkt)
2 EL Semmelbrösel

Für 2 Personen | 30 Min. Zubereitung
Pro Portion ca. 515 kcal, 40 g EW, 30 g F, 10 g KH

1 Die Schnitzel jeweils quer dritteln, salzen und pfeffern. Mehl auf einen flachen Teller geben, die Schnitzelchen darin wenden. Ei in einen tiefen Teller geben, mit einer Gabel verquirlen, salzen, pfeffern.

2 Für die Käse-Nuss-Panade Haselnüsse, Parmesan und Kräuter auf einem flachen Teller mischen. Zwei der mehlierten Schnitzelchen zuerst durchs Ei ziehen und dann in der Käse-Nuss-Mischung wenden. Die Panade andrücken.

3 Für die Tomaten-Knusper-Panade die Tomaten kurz abtropfen lassen, dann sehr fein würfeln. Die Cornflakes in einen Gefrierbeutel geben und mit den Fingern zu nicht zu feinen Bröseln zerdrücken. Beides mit den Semmelbröseln auf einem flachen Teller mischen. Weitere zwei mehlierte Schnitzelchen durchs Ei ziehen und in der Tomaten-Brösel-Mischung wenden. Die Panade andrücken.

4 Für die Schwarzkümmelpanade die Oliven sehr fein würfeln und auf einem flachen Teller mit dem Schwarzkümmel und den Semmelbröseln mischen. Restliche mehlierte Schnitzelchen durchs Ei ziehen und in der Kümmel-Brösel-Mischung wenden. Die Panade andrücken.

5 Das Öl in einer großen (antihaftbeschichteten) Pfanne erhitzen und die Schnitzelchen darin bei mittlerer Hitze von beiden Seiten je 1–2 Min. braten.

AUFWÄRM-TIPP

Den Backofen auf 150° (Umluft 130°) vorheizen, die Schnitzelchen auf einen feuerfesten Teller legen und im Ofen (Mitte) in ca. 10 Min. heiß werden lassen. In der Mikrowelle am besten den Grill dazuschalten und jede Portion bei höchster Wattzahl in 1–2 Min. erwärmen.

UND DAZU?

Zu den panierten Schnitzelchen passt ein gemischter Blattsalat oder ein Kartoffelsalat sehr gut. Aber auch Ratatouille, Nudeln mit Tomatensauce oder Ofengemüse mit Brotkrümeln (s. S. 48) sind gern gesehene Begleiter.

sommerlich | fruchtig-würzig

Tomaten-Orangen-Suppe

1 Bio-Orange
1 Zwiebel
1 Knoblauchzehe
1 EL Olivenöl
1 Dose stückige Tomaten (400 g Inhalt)
200 ml Orangensaft
100 ml Gemüsebrühe
½ TL edelsüßes Paprikapulver
1 EL Ajvar (Paprikapaste; aus Glas oder Tube)
1 TL getrockneter Thymian
Salz | Pfeffer

Für 2 Personen | 15 Min. Zubereitung
Pro Portion ca. 145 kcal, 3 g EW, 6 g F, 17 g KH

1 Die Schale der Orange mit einem Messer so abschälen, dass auch die weiße Haut mit entfernt wird. Fruchtfilets zwischen den Trennhäuten herausschneiden, dabei den ablaufenden Saft auffangen. Zwiebel und Knoblauch schälen und fein würfeln.

2 Öl in einem Topf erhitzen. Zwiebel und Knoblauch darin anbraten und die Tomaten dazugeben. Mit Orangensaft (auch den aufgefangenen) und Brühe aufgießen, alles bei geringer Hitze ca. 5 Min. zugedeckt köcheln lassen. Die Suppe mit Paprika, Ajvar, Thymian, Salz und Pfeffer würzen.

3 Die Suppe mit dem Stabmixer fein pürieren, die Orangenfilets dazugeben und die Suppe nochmals kurz aufkochen. Mit Salz und Pfeffer abschmecken.

UND DAZU?

Besonders toll passen zur Tomaten-Orangen-Suppe mit Ziegenkäse überbackene Baguettescheiben.

cremig | leicht

Kräuter-Gurken-Suppe

2 Mini-Salatgurken
2 Schalotten | 1 TL Öl
400 ml Gemüsebrühe
100 g Bärlauch-Frischkäse (ersatzweise normaler Frischkäse)
1 EL gehackter TK-Dill
1 EL gehackte TK-Petersilie
Salz | Pfeffer
2 Scheiben Räucherlachs

Für 2 Personen | 20 Min. Zubereitung
Pro Portion ca. 275 kcal, 22 g EW, 17 g F, 7 g KH

1 Gurken schälen, längs halbieren und mit einem Löffel die Kerne herauskratzen. Eine Hälfte klein würfeln und beiseitestellen, Rest in ca. 2 cm große Würfel schneiden. Schalotten schälen, fein würfeln.

2 In einem Topf das Öl erhitzen. Schalotten und grobe Gurkenwürfel darin ca. 1 Min. braten. Brühe dazugießen und aufkochen, alles bei geringer Hitze zugedeckt ca. 5 Min. köcheln lassen.

3 Frischkäse zur Suppe geben, mit dem Stabmixer fein pürieren. Kräuter unterrühren, die Suppe mit Salz und Pfeffer abschmecken. Den Räucherlachs in feine Streifen schneiden und mit den Gurkenwürfelchen auf die Suppe streuen.

SERVIER–TIPP

Der Sommerhit: Die Suppe im Kühlschrank schön kalt werden lassen, in eine Thermoskanne füllen und dann eisgekühlt im Büro genießen. Achtung: Gurkenwürfelchen und Lachsstreifen extra mitnehmen und zum Schluss über die Suppe streuen. Herrlich erfrischend!

oben: Tomaten-Orangen-Suppe | unten: Kräuter-Gurken-Suppe

1

2

3

5

4

schmeckt auch zu einem Glas After-Work-Wein

Krautquiche mit Apfel und Munsterkäse

Munsterkäse wird im Elsass rund um Munster noch von vielen kleinen Käsereien in Handarbeit hergestellt. Sein würziges Aroma passt hervorragend zu dieser Quiche.

Für den Teig
110 g Mehl | ¼ TL Salz
40 g weiche Butter | 1 Ei (M)
Für den Belag
1 Dose Rieslingkraut (350 g Abtropfgewicht)
100 g Kassler | 75 g Munsterkäse
1 säuerlicher Apfel (z. B. Boskop)
100 g Schmand | 1 Ei (M)
Salz | Pfeffer
Außerdem
Butter und Semmelbrösel für die Form

Für 1 Springform von 16 cm ∅ (2 Stück)
20 Min. Zubereitung | 30 Min. Backen
Pro Portion ca. 875 kcal, 26 g EW, 61 g F, 53 g KH

1 Den Backofen auf 200° vorheizen. Die Springform einfetten und mit Semmelbröseln ausstreuen. Für den Teig das Mehl mit Salz, Butter und Ei mit den Knethaken des Handrührgeräts zu Streuseln verarbeiten (Bild 1), dabei bei Bedarf noch 2–3 EL Wasser dazugeben.

2 Die Streusel in die Form geben und mit den Händen am Formboden und ca. 4 cm hoch am Rand festdrücken (Bild 2).

3 Für den Belag das Rieslingkraut gut ausdrücken. Das Kassler und den Munsterkäse in ca. 1 cm große Würfel schneiden. Den Apfel vierteln, schälen, entkernen und klein würfeln. Alles vermischen und auf dem Teigboden verteilen (Bild 3).

4 Den Schmand mit dem Ei verquirlen, den Guss salzen und pfeffern und über die Krautmischung gießen (Bild 4). Die Quiche im Ofen (Mitte, Umluft 180°) in 25–30 Min. goldbraun backen. Dann die Quiche halbieren (oder auch in mehrere Stücke schneiden), auf Teller geben und servieren (Bild 5).

VARIANTE – BOHNENQUICHE MIT BIRNE UND SPECK

Teig wie beschrieben zubereiten und in die vorbereitete Form drücken, den Backofen auf 200° vorheizen. Für den Belag 100 g grüne Bohnen waschen und putzen, schräg in 2 cm lange Stücke schneiden und in kochendem Salzwasser 8–10 Min. vorgaren. Abgießen, abschrecken und abtropfen lassen. Inzwischen 1 Birne schälen, halbieren, entkernen und in Spalten schneiden. Je 1 Zwiebel und Knoblauchzehe schälen und fein würfeln. 75 g Speckstreifen in einer heißen Pfanne anbraten und auslassen. Zwiebel und Knoblauch dazugeben und glasig dünsten, Bohnen untermischen. Alles auf dem Teig verteilen, die Birnenspalten kreisförmig darauflegen. Für den Guss 150 ml Milch mit 2 Eiern (M), 1 TL getrocknetem Majoran, 1 Prise frisch geriebener Muskatnuss, Salz und Pfeffer vermischen und über den Belag gießen. 40 g zerbröckelten Gorgonzola darauf verteilen. Quiche im Ofen (Mitte, Umluft 180°) in 25–30 Min. goldbraun backen.

TIPP – FÜR DIE MUFFINFORM

Diese Quiches lassen sich für den kleinen Hunger auch in der Muffinform backen. Die Backzeit verkürzt sich dann um ca. 5 Min., und Sie erhalten 8 Mini-Quiches.

orientalisch inspiriert

Falafel mit Joghurt-Tomaten-Dip

Besonders fein: Packen Sie die Falafel samt Dip, ein paar Petersilienblättchen, Tomatenscheiben und Zwiebelringen in Wrap-Tortillas, Pita- oder Fladenbrot. Hhmmm…

1 kleine Zwiebel | 1 Dose Kichererbsen (265 g Abtropfgewicht) | 2 EL Mehl | 1 TL gemahlener Kreuzkümmel | Salz | 200 g Sahne-Naturjoghurt | 100 g stückige Tomaten (aus der Dose) | ½ TL gemahlener Koriander | ½–1 TL Harissa (scharfe Gewürzpaste, aus dem türkischen Supermarkt) | ½–1 TL flüssiger Honig | Öl zum Frittieren

Für 2 Personen | 20 Min. Zubereitung
Pro Portion ca. 695 kcal, 29 g EW, 26 g F, 87 g KH

1 Für die Falafel Zwiebel schälen und fein würfeln. Kichererbsen in ein Sieb abgießen, abbrausen und abtropfen lassen, mit Küchenpapier trocken tupfen. Beides mit Mehl, ½ TL Kreuzkümmel und ¼ TL Salz in einem Rührbecher mit dem Stabmixer glatt pürieren. Mit einem Teelöffel von der Masse zwölf Portionen abstechen und zu Kugeln (ca. 4 cm ∅) formen.

2 Für den Dip den Joghurt mit den Tomaten verrühren. Mit übrigem Kreuzkümmel, Koriander, Harissa, Honig und Salz abschmecken.

3 In einen Topf ca. 1 cm hoch Öl füllen, erhitzen. Ein Holzstäbchen in das Öl halten, wenn daran Bläschen aufsteigen, ist es heiß genug. Dann die Falafel darin bei starker Hitze in 4–6 Min. rundherum goldbraun frittieren. Auf Küchenpapier abtropfen lassen und mit dem Dip essen.

AUFWÄRM-TIPP

Den Backofen auf 150° (Umluft 130°) vorheizen, die Falafel auf einen feuerfesten Teller legen und im Ofen (Mitte) in ca. 10 Min. heiß werden lassen. Schneller geht's in der Mikrowelle: jede Portion bei höchster Wattzahl in 1–2 Min. erwärmen.

vegetarisch

Möhren-Kartoffel-Puffer

150 g Magerquark | 1 TL mittelscharfer Senf | 4 EL Sahne | 1 EL Mayonnaise | 1 EL Mineralwasser | 1 Bund gemischte Kräuter | Salz | Pfeffer | 250 g mehligkochende Kartoffeln | 2 Möhren | 2 EL Mehl | 3 EL Sesamsamen | 2 TL Meerrettich (aus dem Glas) | 1 Ei (M) | 2 EL Crème fraîche | 2 EL Öl

Für 2 Personen | 25 Min. Zubereitung
Pro Portion ca. 595 kcal, 21 g EW, 42 g F, 32 g KH

1 Quark mit Senf, Sahne, Mayonnaise und Wasser glatt rühren. Die Kräuter abbrausen und trocken schütteln, Blättchen fein hacken, unter die Quarkmasse rühren. Mit Salz und Pfeffer abschmecken.

2 Kartoffeln und Möhren schälen und auf einer Küchenreibe grob raspeln. Mit Mehl, Sesam, Meerrettich, Ei und Crème fraîche mischen, mit Salz und Pfeffer würzen. Öl in einer großen Pfanne erhitzen. Acht Teigportionen hineinsetzen und zu flachen Puffern drücken. Bei mittlerer bis starker Hitze beidseitig je 3–4 Min. braten. Mit dem Quark essen.

mediterran | raffiniert

Reisküchlein mit Tomaten

1 Schalotte | 10 getrocknete, in Öl eingelegte Tomaten | 250 g vorgegarter Langkornreis | 1 EL Mehl | 1 Ei (M) | 1 EL Quark | Salz | Pfeffer | 250 g frische Tomaten | 5 Oliven (grün und schwarz, ohne Stein) | 3 EL Olivenöl | 2 EL TK-Petersilie

Für 2 Personen | 25 Min. Zubereitung
Pro Portion ca. 730 kcal, 15 g EW, 27 g F, 101 g KH

1 Schalotte schälen und fein würfeln. Getrocknete Tomaten fein würfeln und etwa ein Drittel davon mit Schalotte, Reis, Mehl, Ei und Quark zu einer glatten Masse verrühren. Mit Salz und Pfeffer würzen. Die frischen Tomaten waschen und klein schneiden, dabei die Stielansätze entfernen. Oliven fein hacken.

2 In einem Topf 1 EL Öl erhitzen, frische und übrige getrocknete Tomaten anbraten. Oliven und Petersilie dazugeben, kurz weiterbraten, salzen, pfeffern. In einer Pfanne restliches Öl erhitzen. Darin aus der Reismasse, wie bei den Puffern beschrieben, bei mittlerer Hitze in 7–8 Min. acht Küchlein backen.

außen knusprig, innen zartschmelzend

Blätterteigtaschen mit Limburger-Lauch-Füllung

3 Platten TK-Blätterteig (à 75 g)
1 Stange Lauch
1 TL Öl | 75 g Limburger
Salz | Pfeffer
½ TL flüssiger Honig
¼ TL Kümmelsamen
2 EL Milch
Mehl für die Arbeitsfläche

Für 2 Personen
30 Min. Zubereitung | 20 Min. Backen
Pro Portion ca. 640 kcal, 17 g EW, 42 g F, 50 g KH

1 Den Blätterteig antauen lassen. Inzwischen den Lauch putzen, längs halbieren, waschen und quer in ca. 1 cm breite Streifen schneiden. Öl in einer Pfanne erhitzen und den Lauch darin bei mittlerer Hitze ca. 4 Min. anbraten. Den Limburger würfeln und mit dem Lauch mischen. Mit Salz, Pfeffer, Honig und Kümmel abschmecken.

2 Backofen auf 200° (Umluft 180°) vorheizen, ein Backblech mit Backpapier auslegen. Die Blätterteigplatten quer halbieren, sodass je zwei Quadrate entstehen, und auf einer bemehlten Arbeitsfläche etwas größer (ca. 13 × 13 cm) ausrollen. In die Mitte jedes Teigquadrats jeweils ein Sechstel der Lauchfüllung geben. Je eine Teighälfte diagonal darüberklappen, sodass dreieckige Teigtaschen entstehen. Die Ränder mit den Zinken einer Gabel zusammendrücken. Die Teigtaschen mit der Milch bestreichen, auf das Backblech legen und im Ofen (Mitte) in 15–20 Min. goldbraun backen.

exotisch-fruchtiger Genuss

Mini-Strudel mit Mango und Schweinefleisch

2 Frühlingszwiebeln | 1 EL Rapsöl
200 g Schweinehackfleisch
100 g rote Linsen | 300 ml Gemüsebrühe
200 g Mangofruchtfleisch | 1 Stück Ingwer (2 cm)
¼ TL Kurkumapulver
Salz | Pfeffer | 3 EL Butter
8 Blätter Strudelteig (200 g, aus dem Kühlregal)

Für 2 Personen | 20 Min. Zubereitung
30 Min. Auskühlen | 15 Min. Backen
Pro Portion ca. 915 kcal, 44 g EW, 42 g F, 90 g KH

1 Frühlingszwiebeln waschen, putzen, in dünne Ringe schneiden. Öl in einer Pfanne erhitzen, die Zwiebeln darin anbraten. Hackfleisch dazugeben und in 4–5 Min. bei starker Hitze krümelig braten. Linsen einstreuen, Brühe angießen und alles bei geringer Hitze 8–10 Min. offen köcheln lassen.

2 Mangofruchtfleisch schälen und fein würfeln. Ingwer schälen, fein reiben und mit Mango und Kurkuma unter die Hackfleischmasse mischen, salzen und pfeffern, auskühlen lassen. Backofen auf 200° (Umluft 180°) vorheizen, ein Backblech mit Backpapier auslegen. Die Butter zerlassen.

3 Die Teigblätter voneinander lösen, mit der Hälfte der Butter bestreichen, dann je 2 Blätter aufeinanderlegen. In der Mitte je ein Viertel der Füllung als länglichen Streifen daraufgeben. Die seitlichen Teigränder nach innen klappen, den Teig von unten nach oben aufrollen und die vier Strudel nebeneinander auf das Blech legen. Mit der übrigen Butter bepinseln und im Ofen (Mitte) ca. 15 Min. backen.

links: Blätterteigtaschen mit Limburger-Lauch-Füllung | rechts: Mini-Strudel mit Mango und Schweinefleisch

deftig | nussig

Ofengemüse mit Brotkrümeln

Lange Büroalltage verlangen nach vielen Vitaminen und knackigem Gemüse – da kommt diese Neuinterpretation der klassischen Blechkartoffeln wie gerufen.

1 TL Fenchelsamen
1 TL Kümmelsamen
2 EL Sonnenblumenöl
Salz | Pfeffer
500 g Fenchel
300 g Kürbis (z.B. Muskatkürbis)
200 g Kräuterseitlinge
50 g Walnusskerne
150 g Pumpernickel
200 g körniger Frischkäse

Für 2 Personen
25 Min. Zubereitung | 40 Min. Garen
Pro Portion ca. 640 kcal, 31 g EW, 31 g F, 57 g KH

1 Fenchel- und Kümmelsamen in einem Mörser zerstoßen und in eine Auflaufform (ca. 21 x 25 cm) geben. Mit Öl, 1 TL Salz und Pfeffer vermischen.

2 Den Fenchel waschen, putzen und in mundgerechte Stücke schneiden. Den Kürbis schälen, von Kernen und langen Fasern befreien und ca. 2 cm groß würfeln. Kräuterseitlinge trocken abreiben und putzen, dann quer und längs halbieren. Alles mit in die Form geben und mit dem Gewürzöl vermengen, sodass das Gemüse überall mit Öl bedeckt ist.

3 Den Backofen auf 200° vorheizen. Die Walnüsse grob hacken, das Pumpernickel zerkrümeln, beides mit dem Frischkäse mischen, salzen und pfeffern. Die Krümelmischung über dem Gemüse verteilen. Im Ofen (Mitte, Umluft 180°) ca. 40 Min. garen.

SERVIER-TIPP

Ebenfalls fein: Das Gemüse mal als Antipasti auf den Tisch stellen oder zu einem knackigen Blattsalat reichen. Sie können es aber auch mit einem leichten Dressing (z. B. vom Brotsalat aus S. 20) kombinieren und in einen Salat verwandeln.

AUSTAUSCH-TIPP

Sollten Sie statt der angegebenen Gemüsemischung einmal Lust auf eine andere Kombination haben, dann ersetzen Sie den Fenchel einfach durch Rote Bete und das Kürbisfleisch durch Kartoffeln, beides jeweils in der entsprechenden links aufgeführten Menge.

VARIANTE – ASIA-GEMÜSE MIT KOKOSKRUSTE

Für 2 Personen 150 g Austernpilze und 50 g Shiitake-Pilze trocken abreiben, putzen und grob zerkleinern. 250 g Auberginen waschen, putzen und in 1 cm dicke Scheiben schneiden. 250 g Süßkartoffeln schälen und ca. 2 cm groß würfeln. Den Backofen auf 200° vorheizen. 3 EL Sonnenblumenöl, ½–1 TL rote Currypaste und reichlich Meersalz verrühren und das Gemüse gut damit vermischen. Gemüse auf ein mit Backpapier belegtes Blech geben. Für die Kruste 1 Stück Ingwer (ca. 2 cm) schälen, fein reiben und mit 2 EL Kokosraspeln mischen, über das Gemüse bröseln. Das Blech in den Ofen (Mitte, Umluft 180°) schieben, das Gemüse ca. 35 Min. garen.

aus eins mach zwei

Nudeln mit Walnuss-Tomaten-Pesto

250 g kurze Nudeln (z.B. Penne) | Salz
100 g Walnusskerne
3–5 EL Olivenöl
1 TL Harissa (scharfe Gewürzpaste, aus dem türkischen Supermarkt)
1 feste, fleischige Tomate (z. B. Roma-Tomate)
5 Stängel Petersilie

Für 2 Personen | 20 Min. Zubereitung
Pro Portion ca. 1015 kcal, 23 g EW, 58 g F, 100 g KH

1 Die Nudeln in reichlich kochendem Salzwasser nach Packungsanweisung bissfest garen.

2 Inzwischen die Walnüsse in einer Pfanne ohne Fett anrösten, bis sie duften. Dann im elektrischen Blitzhacker nicht zu fein hacken und mit 3 EL Olivenöl und Harissa verrühren. Tomate waschen, halbieren, entkernen und ohne Stielansatz fein würfeln. Die Petersilie abbrausen, trocken schütteln und die Blätter fein hacken, mit der Tomate unter die Walnussmischung heben. Pesto mit Salz abschmecken.

3 Die Nudeln in ein Sieb abgießen und nur kurz abtropfen lassen, dann sofort zurück in den Topf geben und mit dem Pesto sowie bei Bedarf noch mit etwas Olivenöl mischen.

VARIANTE – PESTO-NUDELSALAT

Bleibt 1 Portion Pesto-Nudeln übrig, gibt es sie kalt als Nudelsalat: 60 g Mozzarella würfeln, 8 Datteltomaten waschen und vierteln, 4 Basilikumblätter in Streifen schneiden. Alles mit 2 EL Olivenöl unter die Pesto-Nudeln mischen, mit Salz und Pfeffer abschmecken.

partytauglich | einfach

Pasta-Frittata mit Schinken

120 g Risoni (reisförmige Nudeln) | Salz
100 g gekochter Schinken
1 Zwiebel | ½ Bund Petersilie
1 EL Öl | 4 Eier (M)
Pfeffer
2 EL schwarze Oliven-Tapenade (aus dem Glas)

Für 2 Personen | 25 Min. Zubereitung
Pro Portion ca. 520 kcal, 33 g EW, 22 g F, 47 g KH

1 Die Risoni in reichlich kochendem Salzwasser nach Packungsanweisung garen.

2 Inzwischen den Schinken in dünne Streifen schneiden, die Zwiebel schälen und fein würfeln. Die Petersilie abbrausen, trocken schütteln und die Blätter fein hacken.

3 Das Öl in einer großen antihaftbeschichteten Pfanne erhitzen und die Zwiebel darin anbraten. Schinken dazugeben und bei mittlerer Hitze 2 Min. mitbraten, die Petersilie untermischen. Die Nudeln in ein Sieb abgießen und in die Pfanne geben, alles durchmischen und nochmals kurz braten.

4 Die Eier gut verquirlen, salzen und pfeffern und über die Nudelmasse geben. Tapenade in kleinen Klecksen darauf verteilen. Die Frittata in 7–8 Min. bei geringer Hitze offen stocken lassen. Dann auf einen großen Teller gleiten lassen, zurück in die Pfanne stürzen und auf der anderen Seite nochmals 7–8 Min. braten. Besonders gut schmeckt die Frittata mit einem knackigen Salat.

oben: Nudeln mit Walnuss-Tomaten-Pesto | unten: Pasta-Frittata mit Schinken

statt Mittagstisch beim Griechen

Hähnchen-Gemüse-Spieße mit Zucchini-Tsatsiki

Die Spieße sind nicht nur büro-, sondern auch absolut picknicktauglich. Denn die Fleisch- und Gemüsestücke lassen sich prima mit den Fingern dippen und essen.

1 Zucchino
100 g Quark (20 % Fett)
75 g Schmand
3 EL Olivenöl
1 Knoblauchzehe (wer mag, kann auch weniger nehmen)
Salz | Pfeffer
½ rote Paprikaschote
200 g Hähnchenbrustfilet
1 TL getrockneter Thymian
4 Schaschlikspieße

Für 2 Personen | 35 Min. Zubereitung
Pro Portion ca. 415 kcal, 30 g EW, 29 g F, 6 g KH

1 Den Zucchino waschen, putzen und längs halbieren. Eine Zucchinohälfte quer in ca. 2 cm breite Stücke schneiden, die andere Hälfte fein raspeln.

2 Für den Tsatsiki die Zucchinoraspel mit dem Quark, dem Schmand und ½ EL Olivenöl verrühren. Den Knoblauch schälen und durch die Presse dazudrücken. Den Tsatsiki mit Salz und Pfeffer würzen, ½ EL Olivenöl darüberträufeln.

3 Die Paprikahälfte von Stiel, Trennwänden sowie Kernen befreien, waschen. Die Hälfte längs vierteln, dann quer in ca. 3 cm große Stücke schneiden. Das Hähnchenbrustfilet in 3 cm große Würfel schneiden. Die Zucchino- und Paprikastücke sowie die Hähnchenbrustwürfel abwechselnd auf die Schaschlikspieße stecken.

4 Das restliche Olivenöl in einer großen Pfanne erhitzen. Die Spieße darin bei mittlerer bis starker Hitze rundherum ca. 3 Min. scharf anbraten, dann die Herdplatte ausschalten und die Spieße zugedeckt ca. 5 Min. ruhen lassen. Mit Salz, Pfeffer und Thymian würzen. Die Spieße warm oder kalt mit dem Tsatsiki essen.

UND DAZU?

Dazu passt türkisches Fladenbrot, Pesto-Nudelsalat (s. S. 50, Tipp) oder Hirten-Weizen-Salat (s. S. 11).

AUFWÄRM-TIPP

Wer die Hähnchen-Gemüse-Spieße nicht kalt essen möchte, kann die übrig gebliebenen Spieße auf einem feuerfesten Teller im 160° heißen Backofen (Umluft 140°) in ca. 10 Min. erhitzen. In der Mikrowelle brauchen die Spieße bei voller Wattzahl 1–2 Min., bis sie richtig heiß sind. Wenn die Mikrowelle zusätzlich eine Grillfunktion bietet, dann den Grill mit dazuschalten.

AUSTAUSCH-TIPP

Sowohl beim Fleisch als auch beim Gemüse können Sie bei den Spießen Abwechslung ins Spiel bringen. Verwenden Sie statt Hähnchenbrustfilet doch mal die gleiche Menge Lammfilet, Putenbrust oder Schweinelende. Und anstelle der Paprika lassen sich ganz prima 20 kleine Champignons oder Kirschtomaten abwechselnd mit den Zucchino- und Fleischstücken aufspießen.

1

2

3

Hauptsache Dessert

Gegrilltes Obst mit Baiserkrümeln

Heute mal Lust auf was Süßes? Dann ist die Kombination Obst plus knuspriges Baiser genau der richtige leichte Mittagssnack, der den Süßhunger stillt.

6 Feigen (ersatzweise Aprikosen)
2 Pflaumen (ersatzweise Pfirsiche)
2 Maracujas (Passionsfrüchte)
3 grüne Kardamomkapseln
½ Vanilleschote
3 TL flüssiger Honig
70 g Baisergebäck (gibt es im Backwarenregal des Supermarkts)

Für 2 Personen
10 Min. Zubereitung | 15 Min. Grillen
Pro Portion ca. 275 kcal, 2 g EW, 1 g F, 60 g KH

1 Den Backofengrill einschalten. Feigen waschen, den Stiel entfernen und die Früchte achteln. Die Pflaumen waschen, halbieren, entsteinen und in dünne Spalten schneiden. Maracujas halbieren und mit einem Löffel das Fruchtfleisch aus den Hälften herauskratzen (Bild 1).

2 Die Kardamomkapseln mit dem Stößel eines Mörsers leicht anquetschen. Vanilleschote mit einem Messer längs aufschlitzen und ca. 1 Messerspitze Mark herauskratzen. Obst mit Vanillemark und Kardamom in einer feuerfesten Form mischen. Das Obst gleichmäßig mit dem Honig beträufeln (Bild 2) und im Ofen (Mitte) ca. 15 Min. grillen. Die Kardamomkapseln entfernen.

3 Das Baiser in einen Gefrierbeutel geben und mithilfe eines Nudelholzes grob zerkrümeln. Kurz vor dem Servieren über das Obst streuen (Bild 3).

TRANSPORT-TIPP

Ideal ist es, wenn Sie eine feuerfeste Form mit Deckel verwenden. Dann können Sie die zweite, ausgekühlte Portion gleich darin mit ins Büro nehmen. Ansonsten das Obst vorsichtig aus der Form in eine Plastikschüssel mit dicht schließendem Deckel geben und verschließen.

AUFWÄRM-TIPP

Das kalte Obst aus der Schüssel in einen Topf geben und bei mittlerer Hitze offen in ca. 5 Min. heiß werden lassen, dabei ab und zu umrühren. Wer das Obst in einer feuerfesten Form transportiert hat, kann diese für 8–10 Min. in den 180° heißen Ofen (Umluft 160°) oder bei höchster Wattzahl für 1–2 Min. in die Mikrowelle stellen und das Obst darin erwärmen. Mit Baiser oder Vanillequark (s. Variante) getoppt servieren.

VARIANTE – GEGRILLTES OBST MIT VANILLEQUARK

Lassen Sie doch einmal die Baiserkrümel weg und genießen Sie das Obst mit einem cremigen Vanillequark. Dafür aus ¼ l Milch, ½ Pck. Vanillepuddingpulver (zum Kochen) und 4 EL Zucker nach Packungsanweisung einen Vanillepudding zubereiten und abkühlen lassen, dann 250 g Sahnequark unterrühren. Den Vanillequark kurz vorm Servieren auf die gegrillten Früchte löffeln.

VARIANTE – TRIFLE MIT GRILLFRÜCHTEN

Für 2 Personen gegrilltes Obst wie beschrieben zubereiten und auskühlen lassen, Baiser zerkrümeln. Vanillequark (s. erste Variante) ebenfalls wie beschrieben zubereiten. Das Obst in eine Schüssel geben, die Hälfte der Baiserkrümel darüberstreuen, Quark gleichmäßig darauf verstreichen, die restlichen Baiserkrümel aufstreuen.

fruchtig, luftig & lecker

Süßer Grieß-Ricotta-Auflauf

300 ml Milch | 1 EL Vanillezucker
Salz | 70 g Weichweizengrieß
50 g Macadamianüsse | 1 Ei (M)
250 g Ricotta | 1 EL Butter
250 g Himbeeren | 2 Orangen
1 EL Orangenlikör (ersatzweise Orangensaft)
1 EL Orangenmarmelade | 1 EL Zitronensaft
1 EL Ahornsirup (nach Belieben)
Butter für die Form

Für 2 Personen | 40 Min. Zubereitung
Pro Portion ca. 905 kcal, 25 g EW, 55 g F, 67 g KH

1 Backofen auf 200° vorheizen. Milch mit Vanillezucker und 1 Prise Salz aufkochen, den Grieß einstreuen und bei geringer Hitze ca. 5 Min. unter Rühren quellen lassen, etwas auskühlen lassen. Die Macadamianüsse grob hacken.

2 Ei trennen. Eiweiß mit 1 Prise Salz steif schlagen. Eigelb mit Ricotta unter den Grieß rühren und den Eischnee vorsichtig unterheben. Die Masse in eine gefettete Auflaufform (ca. 20 cm ∅) geben, mit Macadamias und Butter in Flöckchen belegen. Im Ofen (Mitte, Umluft 180°) ca. 25 Min. backen.

3 Inzwischen Himbeeren verlesen und waschen. Orangen mit einem Messer so schälen, dass die weiße Haut mit entfernt wird. Fruchtfilets zwischen den Trennhäuten herausschneiden, dabei den ablaufenden Saft auffangen. Orangensaft mit Likör, Marmelade, Zitronensaft und nach Belieben Ahornsirup verrühren und mit dem Obst mischen. Den Obstsalat zum Auflauf essen.

feincremig | süße Hauptspeise

Nugatmilchreis mit Nussknusper

½ Vanilleschote
650 ml Milch
Salz
125 g Milchreis
25 g Bananenchips
2 EL Haselnusskerne
1 TL Kakaopulver (nach Belieben)
2 EL Nussnugatcreme (z. B. Nutella)

Für 2 Personen | 20 Min. Zubereitung
Pro Portion ca. 640 kcal, 19 g EW, 25 g F, 86 g KH

1 Die Vanilleschote mit einem Messer längs aufschlitzen, das Mark herauskratzen. Die Milch mit Vanillemark und 1 Prise Salz aufkochen. Den Milchreis einstreuen und offen in ca. 15 Min. bei geringer Hitze und gelegentlichem Umrühren weich garen.

2 In der Zwischenzeit die Bananenchips und die Haselnüsse getrennt grob hacken. Die Nüsse in einer Pfanne ohne Fett rösten, bis sie duften, dann mit den Bananenchips und nach Belieben dem Kakaopulver in einem Schraubglas mischen.

3 Die Nussnugatcreme unter den fertigen Milchreis rühren und diesen kurz vor dem Verzehr mit dem Nussknusper bestreuen.

VORRATS-TIPP

Milchreis lässt sich super für ein paar Tage im Kühlschrank aufbewahren. Machen Sie deswegen doch gleich die doppelte Menge und füllen Sie ihn portionsweise in verschließbare Schälchen oder Gläser.

oben: Süßer Grieß-Ricotta-Auflauf | unten: Nugatmilchreis mit Nussknusper

AUSGEWÄHLT VON DER GU-KOCHBUCHREDAKTION

nicht zu süss, nicht zu sauer

Apfel-Aprikosen-Taschen

Das Sieger-Rezept des Großen GU-Rezeptwettbewerbs auf Küchengötter.de! Mit ihren fruchtigen Blätterteigtaschen überzeugte Küchengöttin Jarimba die Kochbuchredaktion.

350 g säuerliche Äpfel (z. B. Boskop, Braeburn oder Topaz)
5 EL Zitronensaft
50 g getrocknete Aprikosen
1 Vanilleschote
50 g Zucker
150 ml Apfelsaft
2 EL Aprikosen- oder Obstbrand (nach Belieben)
1 Rolle Blätterteig (aus dem Kühlregal)
2 EL Mandelstifte
100 g Puderzucker

Für 6 Stück | 35 Min. Zubereitung
30 Min. Garen | 30 Min. Backen
Pro Stück ca. 350 kcal, 3 g EW, 13 g F, 50 g KH

1 Äpfel schälen, achteln und das Kerngehäuse entfernen. Die Apfelschnitze mit 2 EL Zitronensaft mischen. Die Aprikosen vierteln. Die Vanilleschote mit einem Messer längs aufschlitzen und das Mark herauskratzen.

2 Äpfel, Aprikosen, Vanillemark, Zucker und Apfelsaft in einem kleinen Topf aufkochen und zugedeckt bei geringer Hitze ca. 15 Min. köcheln lassen. Dann alles noch weitere 15 Min. offen köcheln lassen, bis die Äpfel zerfallen sind. Abkühlen lassen und die Füllung nach Belieben mit Aprikosen- oder Obstbrand verfeinern. Den Backofen auf 200° vorheizen, ein Backblech mit Backpapier auslegen.

3 Den Blätterteig aufrollen und in sechs Quadrate (ca. 12 cm) schneiden. In der Mitte der Teigquadrate jeweils etwas Füllung verteilen. Dann die Ecken der Quadrate so über die Füllung schlagen, dass sie sich in der Mitte des Quadrats berühren. Blätterteigtaschen aufs Blech legen und im Ofen (Umluft 180°) in ca. 30 Min. goldbraun backen.

4 Die Mandelstifte in einer Pfanne ohne Fett goldbraun rösten. Den Puderzucker mit dem restlichen Zitronensaft zu einer Glasur verrühren. Die Apfel-Aprikosen-Taschen noch heiß mit der Glasur bestreichen und mit den Mandelstiften bestreuen.

Zum Gebrauch

Damit Sie Rezepte mit bestimmten Zutaten noch schneller finden können, stehen in diesem Register zusätzlich auch beliebte Zutaten wie **Käse** oder **Tomaten** – ebenfalls alphabetisch geordnet und **hervorgehoben** – über den entsprechenden Rezepten.

A

Ananas: Putensalat mit Ananas 18
Antipasti-Gemüse 7
Antipasti-Sandwich mit Fenchelsalami 23
Äpfel
Apfel-Aprikosen-Taschen 58
Krautquiche mit Apfel und Munsterkäse 43
Aprikosen: Apfel-Aprikosen-Taschen 58
Asia-Gemüse mit Kokoskruste (Variante) 48
Auberginen-Sandwich mit Mozzarellatatar 28
Avocado-Tramezzini 27

B

Baiser: Gegrilltes Obst mit Baiserkrümeln 55
Birnen
Birnen-Holunder-Mus 7
Bohnenquiche mit Birne und Speck (Variante) 43
Blätterteigtaschen mit Limburger-Lauch-Füllung 46
Bohnen
Bohnenquiche mit Birne und Speck (Variante) 43
Thunfisch-Bohnen-Salat 12
Brot
Herbstlicher Brotsalat (Variante) 20
Ofengemüse mit Brotkrümeln 48
Sommerlicher Brotsalat 20

C/D

Cantuccini-Obst-Salat 10
Cordon-bleu-Sandwich mit Currymayo 28
Curry
Cordon-bleu-Sandwich mit Currymayo 28
Möhrensalat mit Currytofu 18
Debreziner: Linsen-Debreziner-Salat 14

E/F

Eier: Kartoffelsalat mit Ei und Räuchermakrele 17
Falafel mit Joghurt-Tomaten-Dip 44
Feigen: Parma-Wrap mit Feigencreme (Variante) 24
Feldsalat und Tomaten mit Thunfischdressing 12
Fenchel: Ofengemüse mit Brotkrümeln 48
Feta: Pita mit Paprika-Feta-Salat 30
Fitnessbrote mit Gurken-Kresse-Aufstrich 32

G

Gefüllte Yufka-Röllchen 35
Gegrilltes Obst mit Baiserkrümeln 55
Gegrilltes Obst mit Vanillequark (Variante) 55
Gemüse
Antipasti-Gemüse 7
Asia-Gemüse mit Kokoskruste 48
Hähnchen-Gemüse-Spieße mit Zucchini-Tsatsiki 52
Gnocchisalat mit Salami 14
Grapefruit: Räucherfischsalat mit Grapefruit (Variante) 17
Grieß: Süßer Grieß-Ricotta-Auflauf 56

H/J

Hähnchen-Gemüse-Spieße mit Zucchini-Tsatsiki 52
Herbstlicher Brotsalat (Variante) 20
Hirse-Orangen-Salat 10
Hirten-Weizen-Salat 11
Holunderblütensirup: Birnen-Holunder-Mus 7
Joghurt: Falafel mit Joghurt-Tomaten-Dip 44

K

Kalbsschnitzelchen mit drei Panaden 38
Kartoffeln
Kartoffelsalat mit Ei und Räuchermakrele 17
Möhren-Kartoffel-Puffer 45
Käse
Auberginen-Sandwich mit Mozzarellatatar 28
Blätterteigtaschen mit Limburger-Lauch-Füllung 46
Krautquiche mit Apfel und Munsterkäse 43
Vollkornbaguette mit Käse-Walnuss-Creme 32
Kokos: Asia-Gemüse mit Kokoskruste (Variante) 48
Kräuter-Gurken-Suppe 40
Krautquiche mit Apfel und Munsterkäse 43
Kresse: Fitnessbrote mit Gurken-Kresse-Aufstrich 32
Kürbis: Herbstlicher Brotsalat (Variante) 20

L

Lachs: Scharfe Lachs-Tramezzini 27
Lammhackbällchen aus dem Ofen 36
Lauch: Blätterteigtaschen mit Limburger-Lauch-Füllung 46
Limburger: Blätterteigtaschen mit Limburger-Lauch-Füllung 46
Linsen-Debreziner-Salat 14

M

Mango: Mini-Strudel mit Mango und Schweinefleisch 46
Mayonnaise: Cordon-bleu-Sandwich mit Currymayo 28
Milchreis: Nugatmilchreis mit Nussknusper 56

Mini-Strudel mit Mango und Schweinefleisch 46
Möhren
Möhren-Kartoffel-Puffer 45
Möhrensalat mit Currytofu 18
Mozzarella: Auberginen-Sandwich mit Mozzarellatatar 28
Munsterkäse: Krautquiche mit Apfel und Munsterkäse 43

N

Nordlicht-Burger 30
Nugatmilchreis mit Nussknusper 56
Nudeln
Nudeln mit Walnuss-Tomaten-Pesto 50
Pesto-Nudelsalat (Variante) 50
Nüsse
Nugatmilchreis mit Nussknusper 56
Nudeln mit Walnuss-Tomaten-Pesto 50

O/P

Obst
Cantuccini-Obst-Salat 10
Gegrilltes Obst mit Baiserkrümeln 55
Ofengemüse mit Brotkrümeln 48
Oliven: Tomaten-Oliven-Pesto 7
Orangen
Hirse-Orangen-Salat 10
Tomaten-Orangen-Suppe 40
Paprika: Pita mit Paprika-Feta-Salat 30
Parma-Wrap mit Feigencreme (Variante) 24
Pasta-Frittata mit Schinken 50
Pesto
Nudeln mit Walnuss-Tomaten-Pesto 50
Pesto-Nudelsalat (Variante) 50
Tomaten-Oliven-Pesto 7
Pilze
Reissalat mit Pilzen 11
Speck-Pilz-Sandwich 26
Pita mit Paprika-Feta-Salat 30
Putensalat mit Ananas 18

Q/R

Quark: Gegrilltes Obst mit Vanillequark (Variante) 55
Quiche
Bohnenquiche mit Birne und Speck (Variante) 43
Krautquiche mit Apfel und Munsterkäse 43
Radieschen: Wiener-Würstchen-Salat mit Radieschen 9
Räucherfisch
Kartoffelsalat mit Ei und Räuchermakrele 17
Räucherfischsalat mit Grapefruit (Variante) 17
Reis
Nugatmilchreis mit Nussknusper 56
Reisküchlein mit Tomaten 45
Reissalat mit Pilzen 11
Ricotta: Süßer Grieß-Ricotta-Auflauf 56
Roastbeef: Vitello Wrapato 24

S

Salami
Antipasti-Sandwich mit Fenchelsalami 23
Gnocchisalat mit Salami 14
Salatgurke
Fitnessbrote mit Gurken-Kresse-Aufstrich 32
Kräuter-Gurken-Suppe 40
Schafskäse: Pita mit Paprika-Feta-Salat 30
Scharfe Lachs-Tramezzini 27
Schinken: Pasta-Frittata mit Schinken 50
Schwein: Mini-Strudel mit Mango und Schweinefleisch 46
Sommerlicher Brotsalat 20
Speck
Bohnenquiche mit Birne und Speck (Variante) 43
Speck-Pilz-Sandwich 26
Strudel: Mini-Strudel mit Mango und Schweinefleisch 46
Süßer Grieß-Ricotta-Auflauf 56

T

Thunfisch
Feldsalat und Tomaten mit Thunfischdressing 12
Thunfisch-Bohnen-Salat (Variante) 12
Tofu: Möhrensalat mit Currytofu 18
Tomaten
Falafel mit Joghurt-Tomaten-Dip 44
Feldsalat und Tomaten mit Thunfischdressing 12
Nudeln mit Walnuss-Tomaten-Pesto 50
Reisküchlein mit Tomaten 45
Tomaten-Oliven-Pesto 7
Tomaten-Orangen-Suppe 40
Tramezzini
Avocado-Tramezzini 27
Scharfe Lachs-Tramezzini 27
Trifle mit Grillfrüchten (Variante) 55
Tsatsiki: Hähnchen-Gemüse-Spieße mit Zucchini-Tsatsiki 52

V/W/Y/Z

Vanille: Gegrilltes Obst mit Vanillequark 55
Vitello Wrapato 24
Vollkornbaguette mit Käse-Walnuss-Creme 32
Walnüsse
Nudeln mit Walnuss-Tomaten-Pesto 50
Vollkornbaguette mit Käse-Walnuss-Creme 32
Weizen: Hirten-Weizen-Salat 11
Wiener-Würstchen-Salat mit Radieschen 9
Yufkateig: Gefüllte Yufka-Röllchen 35
Zucchini: Hähnchen-Gemüse-Spieße mit Zucchini-Tsatsiki 52

Titelbildrezept:

Sandwich-Idee mit gebratenem Halloumi-Käse, Salatgurken und Paprikaschoten

Unsere Garantie

Alle Informationen in diesem Ratgeber sind sorgfältig und gewissenhaft geprüft. Sollte dennoch einmal ein Fehler enthalten sein, schicken Sie uns das Buch mit dem entsprechenden Hinweis an unseren Leserservice zurück. Wir tauschen Ihnen den GU-Ratgeber gegen einen anderen zum gleichen oder ähnlichen Thema um.

Liebe Leserin und lieber Leser,

wir freuen uns, dass Sie sich für ein GU-Buch entschieden haben. Mit Ihrem Kauf setzen Sie auf die Qualität, Kompetenz und Aktualität unserer Ratgeber. Dafür sagen wir Danke! Wir wollen als führender Ratgeberverlag noch besser werden. Daher ist uns Ihre Meinung wichtig. Bitte senden Sie uns Ihre Anregungen, Ihre Kritik oder Ihr Lob zu unseren Büchern. Haben Sie Fragen oder benötigen Sie weiteren Rat zum Thema? Wir freuen uns auf Ihre Nachricht!

Wir sind für Sie da!
Montag – Donnerstag: 8.00 – 18.00 Uhr;
Freitag: 8.00 – 16.00 Uhr
Tel.: 0180 - 5 00 50 54*
Fax: 0180 - 5 01 20 54*
*(0,14 €/Min. aus dem dt. Festnetz/ Mobilfunkpreise maximal 0,42€/Min.)
E-Mail:
leserservice@graefe-und-unzer.de

PS: Wollen Sie noch mehr Aktuelles von GU wissen, dann abonnieren Sie doch unseren kostenlosen GU-Online-Newsletter und/oder unsere kostenlosen Kundenmagazine.

GRÄFE UND UNZER VERLAG
Leserservice
Postfach 86 03 13
81630 München

Projektleitung: Stephanie Schönemann
Lektorat und Satz: Redaktionsbüro Christina Kempe, München
Korrektorat: Mischa Gallé
Layout, Typografie und Umschlaggestaltung: independent Medien-Design, Horst Moser, München
Herstellung: Claudia Labahn
Reproduktion: Wahl Media, München
Druck: Firmengruppe APPL, aprinta druck, Wemding
Bindung: Firmengruppe APPL, sellier druck, Freising

Syndication:
www.jalag-syndication.de

ISBN 978-3-8338-1872-1

1. Auflage 2010

GRÄFE UND UNZER

Ein Unternehmen der
GANSKE VERLAGSGRUPPE

Die Autorinnen

Cora Wetzstein ist Diplom-Oecotrophologin und arbeitet als freie Autorin und Lektorin in der Nähe von München. Das Motto der begeisterten Hobby-Bikerin: Nur wer gut isst, kann kraftvoll in die Pedale treten. Und darum packt sie in ihren Rucksack auch immer einen anständigen Proviant.
Auch **Dagmar Reichel** hat ihre Liebe zum Essen und Trinken zum Beruf gemacht. Die Diplom-Oecotrophologin lebt und arbeitet als freie Autorin und Lektorin in Freiburg. Als frischgebackene Mutter muss sie flexibel sein und weiß daher genau, worauf es bei einem leckeren Mittagessen aus der Lunchbox ankommt.

Der Fotograf

Jörn Rynio zählt zu seinen Auftraggebern internationale Zeitschriften, namhafte Buchverlage und Werbeagenturen. Mit einer großen Portion Kreativität und appetitanregendem Styling setzt der Hamburger Fotograf Food-Spezialitäten aus aller Welt stimmungsvoll in Szene. Tatkräftig unterstützt wird er dabei von seinen Stylistinnen Petra Speckmann (Food) und Michaela Suchy (Requisite).

Bildnachweis:

Titelfoto: Martina Görlach, München;
alle anderen Fotos: Jörn Rynio, Hamburg

Kochlust pur

Die neuen KüchenRatgeber – da steckt mehr drin

ISBN 978-3-8338-1477-8
64 Seiten

ISBN 978-3-8338-0300-0
64 Seiten

ISBN 978-3-8338-1633-8
64 Seiten

ISBN 978-3-8338-1891-2
64 Seiten

ISBN 978-3-8338-1434-1
64 Seiten

ISBN 978-3-8338-0678-0
64 Seiten

Das macht sie so besonders:

- **Neue mmmh-Rezepte** – unsere beste Auswahl für Sie
- **Praktische Klappen** – alle Infos auf einen Blick
- **Die 10 GU-Erfolgstipps** – so gelingt es garantiert

G|U

Willkommen im Leben.

küchengötter.de
powered by G|U

Einfach göttlich kochen und himmlisch speisen?

Die passenden Rezepte, Küchentipps und -tricks in Wort und Film finden Sie ganz einfach unter:

www.küchengötter.de

Pausenbrote top kombiniert

Natürlich kann man fast jede Brotsorte nach Lust und Laune belegen. Manche Brot-Belag-Kombis sind aber geschmacklich besonders gut und stellen andere ein wenig in den Schatten. Hier ein paar Tipps für extraharmonische Lunchbox-Liaisons.

Vollkornbrot Ob mit Körnern, Samen oder Nüssen angereichert, mit Koriander, Fenchel oder Kümmel gewürzt oder einfach pur – Vollkornbrot liefert mit jeder Scheibe eine Portion Gesundheit in Form von Vitaminen, Mineral- und Ballaststoffen, die in den Randschichten der ganzen Getreidekörner stecken, aus denen das Brot gebacken wird. Mit dem kräftigen, oft leicht nussigen Aroma von Vollkornbrot harmonieren würziger Käse (z. B. Bergkäse, Gouda, Emmentaler), knackige bunte Rohkost, Frischkäse mit aromatischen Kräutern sowie auch deftige Wurstsorten (z. B. Salami, roher Schinken, Leberwurst, Kabanossi). Süßschnäbel sollten unbedingt einmal die Kombination mit Erdnusscreme, Honig und nach Belieben Bananenscheiben probieren.

Baguette, Ciabatta, Kastenweißbrot Das Angebot an Weißbroten, die mithilfe von Hefe gebacken werden, ist riesig. Die unterschiedliche Konsistenz der Krume ist beispielsweise davon abhängig, wie viel Hefe dem Teig zugesetzt wurde und wie lange der Teig gehen durfte, aber auch welche weiteren Zutaten den Teig ergänzen (Öl macht ihn schwerer, aber auch saftiger). Dazu passen Antipasti-Gemüse, Rosmarinschinken, Gorgonzola, Feta, Pesto und Tapenade, aber auch süße Begleiter, wie Fruchtaufstriche, Honig oder Schokoladencremes.

Toastbrot, Sandwichbrot, Tramezzinibrot Die leicht süßlich schmeckenden Brotscheiben mögen – egal, ob geröstet oder nicht – am liebsten noch eine cremige Streicheleinheit unter dem Belag: Die kann ganz mild (z. B. honiggesüßte Frischkäsebasis für einen Obstbelag) daherkommen oder pikant mit Meerrettich, Curry- oder Paprikapulver gewürzt als Grundlage für saftige Sandwiches oder auch mehrstöckige Tramezzini mit Fleisch- oder Fischbelag.